МЕНИНГ "АМЕРИКА ДАФТАРИМ"

Ҳажвиялар, мақолалар, интервьюлар, шеърлар

CHICAGO

© 2020 Олим Шарипов.

ISBN: 978-1-63760-325-3
Library of Congress Control Number: 2020925833

Барча хуқуқлар ҳимояланган. Китобдан муаллиф руҳсатисиз тижорий мақсадларда тўлиқ ёки қисман кўчириб босиш тақиқланади. Нотижорий мақсадларда кўчириб босишда муаллиф номи кўрсатилиши шарт.

Printed in the United States of America.

Биринчи нашр.

Муқовадаги расм муаллифи: Macrovector by Freepik.
https://www.freepik.com/macrovector
https://www.freepik.com/studiogstock
Муқова дизайни муаллифи: Аъзам Камалов

Фикр ва мулоҳазаларингизни
sharipovolim@yahoo.com
электрон почтасига юборинг.

МУНДАРИЖА

Ҳажвиялар 9

Мақолалар, интервьюлар 51

Саҳоватли кишилар 105

Шеърлар 127

Муаллифдан:

Менинг ушбу қораламаларимни ўқиган ўқувчида заррача бўлсада яхшиликка мойиллик ва ёмонликдан сақланиш ҳиссиёти шаклланган бўлса мен ўзимни бахтиёр ҳис қилган бўлар эдим ва булардан келадиган савобларни падари бузрукворимиз Ғозихон Миршариф ўғли, волидаи муҳтарамам Муқаддам Аминхон қизи ва барча устозларим руҳониятларига бағшлайман. Шунингдек ушбу китобчани нашрдан чиқишига сидқидилдан менга кўмаклашган биродаримиз, адабиёт ихлосманди Аъзам Камоловга ўзимнинг самимий миннатдорчилигимни билдираман.

Кўнглимдаги суҳбатдош

Менинг Америкага келганимга ўн йилдан ошди. Мен Олимжон акани таниганимга эса беш йилдан ошгандир. Мен бу кишини таниганимдан бошлаб Американи танидим, деб ҳисоблайман. У ажойиб, хизрсифат инсон. Суҳбатларида маза бор, у билан мен соатлаб гаплашаман ва унинг суҳбатларига "тўймайман". У анча узоқда. Лекин телефон қилмай қўйса, хавотирланаман, гапларини соғинаман. Масалан, мен гарчанд Касбида бўлмасамда, касбиликлардан танишларим кўп. Аммо биортаси билан бунчалик қадрдон эмасман. Ёхуд Америкада ҳам қатор Ўзбекистон – Америка қўшма жамиятлари раислари ва бошқа рангдаги инсонлар билан олдиндан танишман, лекин суҳбатимиз 10-15 дақиқадан ошмайди, «қонимизнинг группаси тўғри келмайди».

Нега бунақа, деб сўрашингиз мумкин. Бизнинг суҳбатимиз асосан адабий дарғалар, адабиёт ва унинг жонкуярлари, бизнинг умумий танишларимиз ҳақида бўлади. Бундай гаплар эса кўпчиликка ёқмайди.

Тўғри, биз ҳаётий унсурлар ҳақида ҳам гаплашамиз, фақат меъёр билан! Дастурхон бошидаги об-ҳаво, нарх-наво ҳақидаги эзма суҳбатлар, нолиш оҳангидаги оҳ-воҳлар бизга кўпам ёқавермайди. Шу боис биз ҳам ҳаммага ёқавермаймиз.

Олимжон аканинг яхши ният билан қилаётган тузиги менга маъқул бўлди. Мен буни анча олдинроқ истагандим. Бу ҳақда ўзига ҳам айтганман. Тўғри, Олимжон ака шоирмас, ёзувчи эмас, аммо адабиётнинг қалин дўсти, ўзбек маданиятининг ростакамига жигари. Шу боис унинг битикларида, энг аввало, ўз табиатидаги самимийлик мавжуд, қолаверса, жуда нозик ҳажв бор, воқеаларни кузатиб, мийиғида кулиш санъати бор. Бу нарса унинг назмдаги ва насрдаги битикларига баббаравар тегишлидир. Шу сабаб биз унинг асарларини ижикилаб ўтирмадик, у унақа, бу бунақа дейишдан тийилдик. Яхшиси, китобхон ўқисин, ўзи хулоса чиқарсин, ҳаётдаги у ёки бу мавзулардаги сабоқлардан улгу олсин, бироз толиққан асабларига дам берсин, юзларига табассум таралсин. Ахир, адабиётнинг асл кучи ҳам шунда эмасми?!

Алишер АЙМАТЛИ,
Ўзбекистон Журналистлар
уюшмаси аъзоси.

Сўзбоши ўрнида

Мен, Олим Шарипов,

таваллудим: Қашқадарё вилояти, Касби тумани, 1953 йил;

Мутахассислигим: қурувчи - муҳандис;

Севган мақолим: яхшилик қил, дарёга от- билса балиқ билсин, билмаса холиқ;

Яшашдан мақсадим: Оллоҳ ризолиги;

Орзуим: миллатимдан берунийлар, хоразмийлар, ибн синолар, мирзо улуғбеклар яна етишиб чиқса - оққан дарё яна оқса;

Бу дунёдан орттирганларим: тўрт қизу икки ўғлим;

Севган машғулотларим: китоб мутолааси, яхши кишилар билан суҳбат, ҳаётдан олган сабоқларимни қоғозга тушириб бориш ва сиз, азизлар билан баҳам кўриш.

Марҳамат бу ёғи сизга ҳавола.

Олим Шарипов, Чикаго

8

ҲАЖВИЯЛАР

МЕНГА НИМА?!

(ҳажвия)

Номус қурир бефарқ, ор қурир бефарқ,
Қуриган фарёдим, куриган ёдим...

*(Икром Отамуроднинг «Қуриган дарё»
номли шеъридан)*

Чойхонада икки киши суҳбатлашишмоқда.

1-киши: Эшитдингизми биродар? Ўзимизнинг маҳаллада узоқ йиллар бурун Абдумўмин ака деган киши яшар эди.

2- киши: Хўш, менга нима?

1-киши: Ўша киши оиласи билан Америкага кўчиб кетган эди.

2- киши: Хўш кетса кетибдида, Сизга нима?

1- киши: Ҳа, ўша киши оламдан ўтибди, деб эшитдим.

2- киши: Ҳмм, шунақа денг, ўтса ўтибтида, бизга нима?

1-киши: Гапингиз тўғрику-я, аммо

шўрликнинг бежаноза кўмилгани яхши бўлмабдида.

2-киши: Шунақами? Фарзандлари йўқ эканми?

1- киши: Боракан, икки ўғил, бир қизи боракан. Болалари тилиниям, урф-одатлариниям, дининиям билишмас эканда.

2-киши: Ийй.. қизиқ-ку, унда нима бўлибди?

1-киши: Ҳеч нарса. Урф-одатни билмагандан кейин нима бўларди. Отасини кўмиб келишгандан кейин ўғиллари ароқхўрлик қилишибди.

2-киши: Ҳа падарлаънатлар, «ўлсанг ўлибсанда, бизга нима», дебди-да. Айтмоқчи, қизиям бор эди деятувдингизми?

1- киши: Ҳа қизиям боракан, аммо қизини отаси оқ қилган экан.

2- киши: Хўш, унга нима экан, қизини оқ қилиб?

1- киши: Айтишларича шундай бўлган экан. Қизи мактабни битириш арафасида уйига бир мексикалик болани бошлаб келиб, отасига «Дада, бу менинг бойфриендим, бу кеча бизникида қолади» дебди.

2- киши: Хўш?

1- киши: Отаси раҳматли кўп замонавий одам экан. Болалариниям замонавий бўлишга ўзи ўргатган эканда. «Ҳа майли болам, шуни танлаган бўлсанг, бахтли бўлинглар» дебди.

2- киши: Ҳа, менга нима, деганда.

1- киши: Ҳа шундай. Аммо беш-олти кундан кейин ўша қизи бошқа бир йигитни бошлаб келибдида, «Дада, энди мани бойфриендим мана бу бола бўлади, униси билан уришиб қолдик» дебди. Энди отаси чидаб туролмабди, қаттиқроқ гапирган экан, қизи бўлса, «Сизга нима, яшайдиган менман, бу ер озод мамлакат, хоҳлаганим билан юравераман» дебди. Отаси тинчийвермагач, шартта милисага телефон қилибди. Бечора Абдумўмин ака бир кеча милисахонада ётиб катта жарима билан зўрға қутулибди. Яхшиям қўлини теккизмаган экан. Шундан бери қизи билан юз кўришмаган экан.

2- киши: Ҳа «юзта билан юрмайсанми, менга нима?» деганда. Айтмоқчи биродар у ерларда бизникига ўхшаган маҳалла-кўй йўқ эканми?

1- киши: У ерларни маҳаллалари бошқачароқ экан, ҳар хил миллатлар аралаш экан, ҳар ким ўзича яшар экан, ҳеч ким ҳеч ким билан иши йўқ экан, «менга нима?», дейишар экан.

2- киши: Афсус, айтгандай Америкада ўзбеклар кўпайиб кетган деб эшитган эдик.

1-киши: Ўзбеклар кўп экан, ҳатто ўзбек жа- миятлари ҳам боракан. Лекин раҳматли

Абдумўмин ака уларнинг бирортасига қўшилмаган экан. «Мен болаларимни замонавий қилиб тарбиялайман, асосан инглиз тилини яхши билса бўлди. Ўзбек тили ҳам, дини ҳам, урф-одатлари ҳам муҳим эмас, жамият тузсанглар тузаверинглар, менга нима» деган экан.

2- киши: Ундай бўлса ўзи айбдор экан, бизгаям нима, бунча қайғуриб, қани чойдан қуйинг биродар.

Америкадан хат келди

(Бир кўринишли саҳна)

Иштирок этувчилар:

Икромнинг дадаси – нафақахўр.

Илҳомжон - Икромнинг укаси, мактаб ўқувчиси.

(Икром оиласи билан Америкада яшайди)

Саҳна кўриниши: Гилам, атрофида атлас кўрпачалар ёзилган. Ўртада хонтахта, хонтахта устида дастурхон, дастурхонда пахта гуллик чойнак ва пиёлалар. Икромни дадаси пар ёстиққа ёнбошлаб, чой ичаяпди.

Илҳом: Дада, дада, суюнчи беринг, Америкадан хат, Икром акамдан...

Дадаси: *(Ўрнидан қўзғалиб)* Шунақами, қани, бери келчи ўғлим.

(Илҳомжон дадасининг олдига келиб кўрпачага тиз чўкади)

Дадаси: *(бетоқат)* Қани ўқичи, ўқичи.

Илҳом: *(хатни очиб ўқий бошлайди).* Салом Дэд.

Дадаси: Нима, нима?

Илҳом: Дэд, бу дадажон дегани, Америкада шунақа дейишар эмиш.

Дадаси: Ҳмм, шунақами? Ҳа майли давом этчи.

Илҳом: Салом Дэд, яхшимисизлар? Аям яхшимилар? Илҳомни ўқишлари яхшими? Инглизчани ўрганаяптими? Кўпроқ инглизчани ўргансин, айтинг. Насиб бўлса уни ҳам Америкага олиб келиб ўқитмоқчиман.

Дадаси: Ҳмм, ўзингни соғинтирганинг етмасмиди, болам. Бунга аянг кўнмас. *(Илҳомга)* Ўқийвер, ўғлим.

Илҳом: Сариқ говмиш сут бераяптими, ҳалиям? Бузоқчаси ҳам анча катта бўлиб қолгандир.Товуқлар-чи, нечта бўлди? Аям бу йил жўжа бостирдиларми? Олапар-чи, олапар яхшими? Дайдиб кўчага чиқиб кетмаяпдими? Илҳомга айтинг, ундан эҳтиёт бўлсин. Олапар жуда вафодор кучук.

Тўғрисини айтсам биз сизларни жуда соғинганмиз. Ин факт, мен айниқса аямнинг тандирдан янги чиққан иссиқ нонлари билан говмиш сигиримизнинг қаймоғини жуда қўмсайман.

Дадаси: Бошида бир-иккита сўзига

тушунмадим.

Илҳом: *(Билағонлик билан)* Дада, Ин факт, дегани, яъни ҳақиқатан ҳам дегани.

Дадаси: Ҳа, ҳа давом этавер..

Илҳом: Бизлардан сўрасангизлар, ишларимиз яхши, катта неварангиз Боб скулга бораяпти. *Боб бу Бобир демоқчилар.* Бобир мактабга бораётган эмиш.*(Ўқишда давом этади).* Черри ҳам катта бўлиб қолди.

Дадаси: Ким?

Илҳом: Гулчеҳра неварангиз. *(Хатни ўқийди)* У ҳозир киндергарденга бораяпди.

Дадаси: Нима?

Илҳом: Яъни болалар боғчасига бораётган экан. Келинойим ишласалар керакда.

Дадаси: Ҳа, хўш, давом этчи.

Илҳом: Неварангизни тили инглизчага чиқди. Инглизчасига бирам чуриллаб гапирадики. Сизни суратингизни кўрса «Грэндпа, грэндпа» деб талпинади. **(Илҳом):** Яъни бобожон дегани.

Дадаси: Тавба, мени неварам ўзбекчани билмас эканми?

Илҳом: *(Акасини оқлаш учун).* Менимча Гулчеҳра ўзбекчани тушунса керагу, жавоб қайтаролмаса керак.

Дадаси: Ҳа, шундай дегин. Ўқийверчи.

Илҳом: Ўзимни ишим ҳам ёмон эмас. Катта бир мактабда ҳоузкипинг бўлиб ишлайман.

Дадаси: У нима иш экан?

Илҳом: *(Ўйланиб туриб).* Менимча бу бир каттароқ ишга ўхшайди. Ҳоуз дегани бу ҳовли дегани, кип дегани бу сақла, асра дегани, яъни мактабни хўжайини бўлса керак.

Дадаси: *(Хурсанд, фахр билан).* Ана кўрдингми ўғлим, акангни ўқигани иш берибди. Айтаманку, кўпроқ ўқинглар, деб. Сен ҳам яхши ўқисанг, насиб бўлса Америкага бориб катта ҳоузкипинг бўлиб кетасан, болам. *(Салмоқланиб).* Аммо аканг бу ерда инженерликни битирган эди. Қандай қилиб уни мактабга хўжайин қилиб қўйибди. Ҳа, бирор йўлини қилгандирда. Ўзи аканг кўп уддабуррон йигит эди. Ҳа, ўқийвер, ўғлим.

Илҳом: Келинингиз Сузан ҳам драйвер лайсинисини олди.

Дадаси: Ким, нима олибди?

Илҳом: Гулсанам келинойим ҳайдовчилик гувоҳномасини олибдилар.*(Ўқийди).* Ҳозир парт тайм иши бор.

Дадаси: Нима иши бор?

Илҳом: Яъни ярим ставка иши бор.*(давом этади).* Бу ерларда апартмент рентлари жуда қиммат.

Дадаси: Бу нима дегани?

Илҳом: Яъни, яшаш учун квартиралар ижара ҳақи қиммат эмиш. *(Ўқийди).* Ҳамма жойда бўлгани каби ҳозир Америкада ҳам бизнеслар слов. Леёфлар кўпайиб кетган.

Дадаси: Нима??

Илҳом: *(Ўйланиб туриб).* Бизнес слов дегани бу ишлар суст дегани. Аммо Леёф деганини эртага ўқитувчимиздан сўраб келаман.

Дадаси: Ҳа, майли. Ўқийвер.

Илҳом: Аммо, Американинг янги бўлган Президенти иқтисодни кўтариш учун роса ҳаракат қилаяпди. Сизлар у ҳақда эшитган бўлсаларинг керак. У ёш, ғайратли, истараси иссиқ одам. Нимасидир ўзбекка ўхшаб кетади. Исми Барак Обама.

Дадаси: Тўхта, тўхта, ўзбекка ўхшайди дейдими? Отини нима дейди?

Илҳом: Барак Обама.

Дадаси: Барак дегани бу Барака дегани бўлса керак. Обама, Обама, тўхта бир нарса эсимга тушди. Ўзимизнинг қишлоқда Барака буви деган бир кампир бор эди. Ўшани Облоқул деган ўғли урушга кетиб дом-дараксиз йўқолган деб эшитганман. У, ўғлим тирик, барибир бир куни эшикдан кириб келади, дерди. Бечора ўғлини кутавериб кўзлари кўр бўлиб ўтиб кетди. Тағин ўша Барака кампирнинг невараси бўлиб чиқмасин Обама. Облоқул онасини хотирасига ўғлини исмини Барак деб қўйган бўлиб чиқар, валлоҳи аълам. Ҳа, майли давом этаверчи.

Илҳом: Дадажон, эсингиздами, Сиз мени Америкага кузатаётганингизда, ўғлим тилингни, динингни, ўзбеклигингни эсингдан чиқарма, дегансиз. Шу гапларни бошқа юртдошларимизга ҳам айтган эдим, уларнинг ҳам фикрида шу гаплар бор экан. Хуллас, шу мақсадлар учун биз бу ерда ўзбек-америка деган жамият очдик.

Дадаси: Ана бу зўр бўпди, баракалла.

Илҳом: Босимиз яхши одам.

Дадаси: Нимамиз?

Илҳом: Босимиз, яъни бошлиғимиз дегани. *(Давом этади)* . Биз у кишини ҳурматлаб Мистер Сэм деймиз. Асли исмлари Сирожиддин ака. Бизлар ана шу киши раҳбарликларида ўзбеклигимизни йўқотмаслик учун бир қанча ишларни амалга оширмоқдамиз. Жумладан, яқинда биргалашиб Наврўз байрамини ўтказишни режалаштираяпмиз. Бу насиб бўлса модерн Мексика ресторанида бўлади. Итальянча овқатлар буюрганмиз. Албатта ўйин-кулги, танцалар ҳам бўлади.

Болалар учун дўстимиз Том, (унинг асли исми Товфиқбек) бинго ўйинлари ташкил қилмоқчи.

Дадаси: Нима ўйинлари?

Илҳом: Бинго ўйинлари, шунақа ўйинлар бор, болалар учун.

Дадаси: Ҳмм, ўқийвер...

Илҳом: Хуллас, Дэд, гапирадиган бўлсам гап кўп. Аммо ишга борадиган вақтим бўлиб қолди. Хайр бўлмаса мендан ҳаммага салом айтинг.

Сизларни соғиниб ўғлингиз Айк, яъни Икром.

Дадаси: *(соқолини тутамлаб)* Ҳмм, Айк, Айк, ўша Айк акангга тезда жавоб ёз ўғлим. Биринчидан, бизга хат ёзадиган бўлса ўзбекча ёзсин. Ундан кейинги маслаҳатим шуки, Наврўзни ўтказадиган бўлса ресторанда эмас, бирорта чойхонада ўтказсин, арзонга тушади. Майда-чуйда қилиб ётмасдан бир қозон ош дамлашсин, сумалак қилишар, албатта. Фақат ўзлари ейишмасдан, қўни-қўшни, маҳалла-кўйни чақиришсин. Америкаликларга ўзбекнинг меҳмондўстлигини бир кўрсатиб қўйишсин. Тушундингми, ўғлим? Тезда жавоб ёзиб юбор.

Илҳом: Хўп бўлади, Дадажон.*(Илҳом ўрнидан қўзғалаётганда)*

Дадаси: Ҳа, дарвоқе яна бир нарса эсимга келди, болам. Акангга айтсанг ўша Барак Обамани тегини яхшилаб бир суриштирса, зора ўзимиздан бўлиб чиқаров. *(Саҳна ёпилади)*

Мен ва У,
ёхуд ўзбек менталитети.

(Ҳажвия)

Биз икковимиз бир-биримиздан батамом фарқлимиз.

Масалан, овқатланишни олсак, у паловни хуш кўради, мен эса шўрвани. У қовунни севиб ейди, мен эса тарвузни. У аччиқ таомларни ёқтиради, мен эса ширинликларни. У овқатга кўп туз солади, мен эса камроқ.

У шўх қўшиқларни севиб тинглайди, мен эса маҳзун оҳангларни. Масалан, у «Андижон полкаси»ни яхши кўради, мен эса «Муножот»ни.

У қишни - совуқни ёқтиради, мен эса ёзни-иссиқни.

У кундузи ухлашни афзал билади, мен эса кечасини. Ҳа, ухлашимиз ҳам турлича, у ухлаганда хариллаб ухлайди, мен эса пишиллаб.

Мен пиёда юришни яхши кўраман, у эса машинада юришни афзал билади.

Адабиётни оладиган бўлсак, У насрни севиб ўқийди, мен эса назмни.

Ҳатто юришимиз ҳам мутлақо бошқача: масалан, икковимиз кўчақа чиқсак мен тез-тез шошилиб юриб кетаман, у эса шошилмасдан салмоқлаб қадам ташлайди. Яъни, мен тез юриб олдинга ўтиб кетаманда ва сўнгра унинг етиб келишини кутиб тураман.

Хуллас, юқорида айтганимдек, биз бир-биримиздан мутлақо фарқлимиз...

Биласизми, у менга ким бўлади? Баракалла, топдингиз: у- менинг хотиним ва биз қирқ йилдан буён бирга яшаб келмоқдамиз.

Дарвоқе, «ораларингда бирор бир умумийлик ҳам борми?», деб сўрарсиз. Бор, албатта-биз иккаламиз ҳам болаларимизни севамиз.

Логика,

ёхуд самарқандлик Норматнинг нью- йорклик дўсти Жонникига ташрифи

(Хажвия)

Жон: Хуш келибсан, Нормат. Оёқ кийимингни ечмасдан ўтавер.

Нормат: *(бир патли гиламга, бир туфлисига қараб)* Йўғ-е, кўчадан келдим-ку?!

Жон: Ҳеч қиси йўқ, бизда шундай, ўтавер.

Нормат: *(уйнинг уёқ бу ёғига қараб)* Ўххў, уйинг зўрку, ўзингникими?

Жон: *(кулиб)* Албатта, мен яшаяпманку, меникида.

Нормат: Яхши экан, қанчага олгансан?

Жон: Ў, жуда қиммат. Икки юз минг туради. 30 йилга кредитга олганман.

Нормат: Жон, қанча ойлик оласан?

Жон: *(кулиб)* Кечирасан, дўстим. Бизда ойликни сўраш ва айтиш одат эмас.

Нормат: Қизиқ, бизда эса ҳамма бир биридан ҳамма нарсани сўрайверади. Нечта хонаси бор? Кимлар турасизлар? Буларни сўрасам майлими?

Жон: Булар майли. Ҳмм, 4 та хонаси бор, биттасида мен хотиним билан, биттасида қизим, биттасида кучугим ва биттасида онам яшайди.

Нормат: *(ҳайрон)* Нима-нима?! Кучугинг?! Кучугинг уйнинг ичидами?

Жон: *(У ҳам ҳайрон)* Албатта бошқа қаерда сақлайман?

Нормат: Ҳа-я, албатта итнинг ҳам бўлгани яхши, қолган қутган овқатлар исроф бўлмайди.

Жон: Ў, нималар деяпсан, дўстим? Қолган овқатни итга бериб бўлмайди. У бу овқатни еса, уйни саситиб ташлайди. Итлар учун махсус овқатлар бор. Ундан кейин биз уйда кўп овқат ҳам қилмаймиз.

Нормат: Шунақами? Мана бу питсани ҳам ўзларинг пиширмадингларми?

Жон: Йўқ, буюртма берамиз, телефон орқали, ўзлари келтириб беришади. Бизда вақт қаерда дейсан? Биласанми Нормат, Америкада вақт - бу пул демакдир.

Нормат: Ҳмм... Онанг ҳам ишлайдими?

Жон: Йўқ, онам ишламайди. Аммо овқат пиширгани учун онамга пул тўлаганимдан кўра, кўчада овқатланганимиз бизга арзон тушади.

Нормат: Нима-а?... Онанг овқат пиширса сендан пул оладими?

Жон: Бўлмасамчи! Мен ҳам онамдан ижара ҳақи оламанку?!

Нормат: Сен?! Онангдан?! Сени туққан, боққан, тарбия қилган онангдан-а? Пул оласанми?

Жон: Нима бўлибди? У туққан, тарбиялаган бўлса, у буни ўзи учун қилган.

Нормат: Қандай, ўзи учун? Тушунмадим.

Жон: Чунки у буни хоҳлаган. Масалан, логикани ишлатадиган бўлсак, онам мени дунёга келтирганда, боққанда, тарбия қилганда ва етаклаб юрганда, у бундан ҳузур қилган.

Бу – унинг хоббиси. Масалан, мен итимни етаклаб юриб маза қилгандек.

Нормат: Кечирасан, сенинг иштонингни ювгандаям-а?

Жон: Ҳа, албатта бу ёқимсиз машғулот, аммо, хобби учун қилишга мажбурсан. Масалан кучугим кўчада тезакласа, мен ҳам ҳалтачага солиб оламанку?

Нормат: Барибир тушунмадим, ўз онангдан пул олишинг…

Жон: Дўстим, бу ерда ҳамма ўзи учун яшайди. Ундан кейин, логикани ишлатадиган бўлсак, онам камбағал эмас. Пули бор, берса ҳеч нима қилмайди.

Нормат: Ҳмм… Кечирасан, онанг неча ёшда? Соғлиги яхшими?

Жон: Ҳозир онам олтмиш олтида. Худога шукур, ёмон эмас.

Нормат: Худога ишонасанми?

Жон: Кечирасан, бу нарса ҳам бизда сўралмайди ва айтилмайди. Бу ҳар бир кишининг шахсий иши.

Нормат: Кечирасан Жон, масалан, онанг касал бўлса, пули тамом бўлса нима бўлади?

Жон: Муаммо йўқ, касал бўлса, шифохоналар бор. Албатта, пуллик. Пули тамом бўлса, қариб қолса, қариялар учун махсус жойлар бор. Масалан, менинг бобом- онамнинг отаси, ҳозир ўша жойда. Биласанми Нормат, мен уни кўриб ўйланиб қоламан. У жудаям ожизланиб қолган. Ўзини бошқара олмайди. Менимча, логикани ишлатадиган бўлсак, бундай яшагандан кўра ўлгани яхши. Баъзи мамлакатларда қонун бор экан: ўз хоҳишига кўра докторлар ўлишига ёрдам беришар экан.

Нормат: Ўлишга ёрдам…, ўлишига ёрдам… Кечирасан Жон, яна бир саволим бор эди.

Жон: *(Кулиб)* Айтавер, марҳамат.

Нормат: Масалан… Сен… Онанг ўлса йиғлайсанми?

Жон: Йиғлайсанми? Йўқ, логикани ишлатадиган бўлсак, йиғлагандан нима фойда? Биласанми, одам ҳар сафар ҳафа бўлганида, неча минг ҳужайралари нобуд бўлар экан ва улар ҳеч қачон тикланмайдилар. Бу эса соғлиққа зарар.

(Бир нарса тиқиллай бошлайди. Жон соатига қарайди)

Жон: Бу – итим, уни сайр қилдирадиган вақт бўлди. Шунга тиқиллатяпти.

Нормат: Ҳа, майли, Жон. Бир шеър ўқисам майлими?

Жон: Шеър?!

Нормат: Ҳа, шеър. Биз ўзбеклар шеъриятга ишқибоз бўламиз, умуман, бирорта шеър билмаган ўзбек бўлмаса керак.

Жон: Шунақами? Майли айтчи.

Нормат:

Инсон қалби билан ҳазиллашманг сиз.
Унда миллат яшар, унда тил яшар.
Унда аждод фахри яшайди сўзсиз,
Унда истиқомат қилади башар.

Инсон қалби билан ҳазиллашманг сиз.
Унда она яшар, яшайди Ватан.
Уни жўн нарса деб ўйламанг ҳаргиз,
Ҳайҳот! Қўзғалмасин бу қалб дафъатан!

(Нормат шеърни таржима қилиб беради)

Жон: О-о! Зўр-ку?!… Инсон қалби… инсон қалби… Унчалик тушуна олмадиму, аммо яхши шеърга ўхшайди.

2003 йил, Чикаго

Одамгарчилик, ёхуд нью-йорклик Жоннинг Ўзбекистонлик дўсти Норматникига ташрифи

(ҳажвия)

Нормат: Хуш келибсан Жон, ҳа-ҳа майли оёғингни ечиб кирақол, бизда одат шунақа.

Жон: Раҳмат, ҳа шундайми? *(туфлисини ечади, ичкарига киргач)* Ўў, одам кўпку, ҳаммаларинг шу уйда яшайсизларми?

Нормат: Э, йўғе булар менинг қариндошларим, дўстларим. Америкадан меҳмон келади деб буларни таклиф қилганман. Бизда урф-одат шунақа- меҳмон келса, яқин кишилар таклиф қилинади.

Жон: Э, шунақами? Яхши одатларинг бор экан. Кечирасан, бир саволим бор.

Нормат: Гапиравер.

Жон: Бу дўстларинг ишламайдиларми?

Нормат: Нега ишламас эканлар. Буларнинг ҳаммасини иши бор. Бизда «меҳмон отангдай улуғ» деган гап бор. Америкадай жойдан сендай азиз меҳмон келсаю – биз кутиб олмасак уят бўлади. Шунинг учун булар бошлиқларидан жавоб олишган.

Жон: Ўзингчи, ўзинг?

Нормат: Мен ҳам директордан уч кунга жавоб олдим. Дарсимни бошқа киши ўтаверади.

Жон: Сизларнинг бошлиқларинг яхши экан. Меҳмон келади десанглар рухсат берар экан.

Нормат: Ҳа, энди бизда одамгарчилик деган нарса бор. Қани дастурхонга марҳамат, нима ичасан—чойми, айронми?

Жон: Ҳмм, менга кола берақол, раҳмат.

Нормат: Қани овқатдан ол. Мана бу бизнинг ўзбекча сомса, қўй гўштидан бўлган, мана бу шўрва, бу ҳам қўй гўшти билан.

Жон: Ўў, бунча кўп овқат, шунча овқатни ким тайёрлади?

Нормат: Буларни хотиним тайёрлаган, албатта ёлғиз эмас, қўшнимнинг келини ёрдам берган.

Жон: Яхши, қўшнингнинг келини ҳам ошпаз эканда. Албатта унга пул тўласанглар керак, хизматига?

Нормат: Нималар деяпсан, дўстим? Бизда бунақа ёрдамларга ҳеч нарса тўланмайди. Вақти келса биз ҳам бирор нарсага ёрдам бериб юборамиз, бизда урф-одат, одамгарчилик деган гап бор.

Жон: Ажойиб! Овқат ширин бўлибди, айниқса гўшт ширин экан.

Нормат: Олавер, ош бўлсин. Гўшт кўп, сенга атаб битта қўчқор сўйганман.

Жон: Кечирасан, менга деб, битта қўчқор? Битта қўчқор қанча гўшт қилади?

Нормат: Тахминан 40 кило, бу сизларнинг ҳисобларингда 90 поунд дегани.

Жон: 90 поунд? Мен бунча гўштни еб тугата олмайманку?

Нормат: *(кулади)* Дўстим, бизда урф-одат шунақа—улуғ меҳмонга атаб бир нарса сўйишади, меҳмон эганича ейди, қолганини ўзимиз еймиз.

Энди бундай режа тузсак: Эртага тонгда бир маҳалладошимиз тўй қилаяпти, ошга чиқамиз. Кейинги куни мана бу бўламиз *(Бир ориқ йигитни кўрсатиб)* ўғлига кўпкари бераяпти. Сени шунга олиб бораман. Хўш энди баъзилар шошилишаяпди, рухсат берайлик. Қани дадажон, дастурхонга дуо қилиб беринг.

(Норматнинг отаси-чўққи соқол чол узундан-узоқ дуо қилади. Йиғилганлар Жон билан хайрлашаётиб, ҳар бири уни меҳмонга таклиф қилишади.)

Жон: Йўқ, кечирасиз боролмасам керак. Ўзи уч кунга келганман.

Нормат: *(Жоннинг қулоғига)* Бормасанг ҳам ОК деб қўявер, бизда одат шунақа.

Жон: Ҳмм, ОК, ОК, борамиз., раҳмат.

***

Нормат: *(Аста туртиб)* Жон, туракол дўстим, ошга кечикмайлик.

Жон: *(аста керишиб)* Ий..., ҳали вақтлик эмасми?

Нормат: Ҳе, йўқ, соат аллақачон олти бўлди, бизда ош бешдан бошланади.

(Бирдан Норматнинг кўзи бутилкадаги ярим турган суюқликка тушади. Ўзига ўзи «Бечора кеча қазидан кўпроқ еган эди, чанқаганда чой олиб келиб ичибди.»

(Жонга қараб) Мен сенга айтган эдимку, бирор нарса кўнглинг тусаса тортинмай айтавер, деб. Чойни қаердан олдинг?

Жон: Ҳмм, йўқ-йўқ, Нормат бу чой эмас.

Нормат *(ўзича):* Э, кеча ҳожи дадамнинг олдиларида одобсизлик бўлмасин деб анақа ичимлик қўймаган эдим. Манимча бу пивони унга укам келтириб берибди, шумтака кеча иккалови бир нарсаларни гаплашгандай бўлувди. Пивони олиб келиб берибдию, пиёла олиб келиб беришга фаҳми етмабди.

(Чиқиб кетиб пиёла олиб келади): Мана сенга пиёла, пиво ичсанг мана бу билан ич.

Жон: Э, йў-йўқ, бу пиво эмас.

Нормат*(ҳайрон):* Нима бўлмаса?

Жон: Э, бу ҳожатхонанг узоқроқ экан, шунга..

Нормат *(бир қизариб, бир бўзариб):* Ҳмм, ҳожатхона бор-йўғи 50 метрку?

Жон: Ҳа энди, уйни ичида эмасда, чиқишга итингдан қўрқдим.

Нормат: Қанақа ит, бизда ит йўғу?

Жон: *(ташқарига ишора қилиб)* Анави нима, ит бўлмай?

Нормат *(кулиб юборади)*: Э, жинни, у ит эмас у қўзичоқ.

Жон: Қизиқ, сизларга қўйни ҳовлида боқишга рухсат борми?

Нормат: Тушунмадим, кечирасан, нима деяпсан?

Жон: Бизда қўйлар махсус фермаларда боқилади. Ҳар бир киши ҳовлисида қўй боқишга рухсат этилмайди.

Нормат: Шунақами? Бизда эса истасанг,

имкониятинг бўлса сигир ҳам, қўй ёки товуқ ҳам боқаверасан. Қани кетдик.

(Тўйхона. Наҳор оши берилаяпти. Нормат билан Жон кириб боришади. Маҳалладошлар ҳар бири меҳмон билан қучоқлашиб кўришишади. Жон бироз саросимада. Столга ўтиришгач)

Жон: Ў шунча кўп одам, тўй қилаётган одам бойга ўхшайди.

Нормат: Ҳе йўқ, у менинг сингари оддий муаллим.

Жон: Муаллим? Муаллимлар сизда бойми?

Нормат: Ҳа энди, маоши унчалик кўп эмасу боғи бор, қўй боқади, ҳўкиз боқади. Ундан кейин неча йиллардан буён тўй қиламан, элга ҳақ бераман деб йиғинади. Бизда одамгарчилик деган гап бор, дўстим. *(Зар чопон кийган 6-7 ёшли болани кўрсатиб)* Ана кўрдингми, ана шу болага тўй бўлаяпти.

Жон: Э, шуми? Сизларда ёш ўйлантиришар экан.

Нормат: *(кулади)* Жон, бу ўйланиш тўйи эмас, бу суннат тўйи.

Жон: Э, тушундим, кечирасан, ўзи сизлар болага неча марта тўй қиласизлар?

Нормат: Э, ўзбекнинг боши тўйдан чиқмайди. Бу унинг тўртинчи тўйи. Бундан олдин соч тўйи, тирноқ тўйи, бешик тўйлари бўлган. Яна олдинда аскар тўйи, диплом тўйи, уйланиш тўйи бор.

Жон: Қойил, сизларда тўйлар роса кўп бўлар экан. Бой яшар экансизлар. Мен бундай ўйламагандим.

Нормат: Шунақа дўстим, қани ошдан ол, бу қўй ёғида бўлган ош.

Жон: О, қўй ёғи? Буни холестерини баланд бўлади, буни кўп еб бўлмайди.

Нормат: Холестерин нима қилади бунда, холестерин ҳаммаси ёғда қовурилиб ўлиб кетган, олавер.

Жон: Қойил дўстим, шунча овқат ер экансизлару семирмаганликларингга ҳайронман..

Нормат *(меҳмонни жўнатиб қайтгач):* Хотин, мана меҳмонниям кузатдим. Роса қойил қилиб жўнатдик. Айтади, ўзбеклар бунча бой яшашини билмаган эканман, дейди. Роса хурсанд бўлди. Ўғил кўрсам отини Нормат қўяман дейди. Албатта, тўйга атаб юрган қўчқор сўйилди. Ҳа майли бош ёрилса дўппини остида, дейишган ота боболар. Одамгарчилик деган гап бор. Пул кетса кетсин обрў кетмасин.

Ошиқ ўзбек

(Латифа)

Бир ўзбек йигити Нью-Йоркка келган экан. Кунлардан бир кун хиёбонларни айланиб юриб, скамейкада ўтириб газета ўқиб ўтирган қизга кўзи тушибди. Қизнинг сочлари сариққа бўялган бўлсада, лекин қошу-кўзлари қоп-қора истараси иссиқ, худди ўзбек қизларини эслатар экан. Нима бўлса ҳам бир гапга солиб кўрайчи, деб ўйлаб, илҳоми жўшиб кетиб шундай шеър ўқиб юборибди.

Йигит:

Девушка Жонгинам Сизга эҳтиром!

Аслингиз сўрасак **вер а ю фром**

Ай лав ю май ҳони от всей души,

Висолингсиз ҳаёт мен учун ҳаром!

Қиз газета ўқишини тўхтатиб, йигит томон ўгирилибди. Бироз қошларини чимириб тургач, шундай жавоб қилибди:

Висолимга етмак эмасдир **иизи,**
Во первих **райт нав** мен бироз **биизи.**
Эй ошиқ голову не мороч-**шат ап!**
Думаю **ю лук лайк литл крези!**

Вой-дод хўжайиннинг дастидан!, ёхуд ошқозон шикояти

(ҳажвия)

Сабр косам тўлиб бўлди. Шунча ҳам золимлик бўладими? Ейди, ейди, ухлайди. Балога мен қоламан, кечаси билан ишлаб чиқаман. Олдин айтмаган бўлсам ҳам энди айтаман, айтмасам ёрилиб кетаман.

Мана унинг бир кунлик зулми: Эрталаб тура солиб бир стакан сув ичади. Бироздан сўнг тўртта тухумни мойга аралаштириб ичимга ташлаб юборади. Унинг устидан бир кружка кофе қуяди. Орадан ҳеч қанча вақт ўтмай иккита ширин кулча ва тўртта шоколад ейди, унинг устидан бир банка пепси-кола деган нарсани қуйиб юборади. Сал вақтда пешин бўлади. Энди нон, гўшт, мой ва озгина сабзавотдан иборат «сэндвич» деган нарса бошимга бало бўлади. Унинг устидан бир стакан музли колани қуяди. Бу нарсаларни жойлаштиришга улгурмасимдан хўжайиннинг кечки овқат вақти бўлади. Энди қовурилган гўшт ва қовурилган картошка ичимга келиб тушади. Уларнинг устидан бир бутилка пивони қуяди. Бироздан сўнг ёғли музқаймоқ ичимга киради. Энди ўзингиз айтинг, бу нарсаларни жойлаштириш менга осонми? Улар бир-бири билан роса жанг қилишади. Балога мен қолганман.

Хўжайин менинг устимга нуқул гўшт, мой, шоколат, тухум, пепси каби душманларимни юборади. Менинг сабзавотлар, тарвуз, қатиқ, сув каби дўстларим ҳам бор. Аммо хўжайин мени тушунмайди, мен уларни камдан-кам кўраман. Устимга кўпинча душманларимни юборади. Улар эса менга азоб беришади. Кундан кунга шишиб кетаяпман. Ёрилиб кетмасам, деб қўрқаман.

ДОД БУНДАЙ ЖОҲИЛ хўжайиннинг ДАСТИДАН!

Чикаго «Зангори экран» ахбороти

(Ҳажвия)

(Ўтмиш даври ахборот кўрсатувига тақлид)

Ассалому алайкум ҳурматли телетомошабинлар, Чикагодан гапирамиз ва кўрсатамиз. СБС программаси эфирда. Мамлакатимиздаги сўнгги янгиликлар билан таништирамиз.

1. Чикаго сенаторлари сессияси.

Бугун Чикаго шаҳрида шаҳар сенаторларининг навбатдан ташқари йиғилиши бўлиб ўтди. Йиғилишда мамлакатимиз президенти Барак Обама қатнашди ва нутқ сўзлади. Ушбу йиғилишда ташкиий масала кўриб чиқилди.

Ишда жиддий камчиликларга йўл қўйгани боис шаҳар мэри Рам Эммануэл ўз вазифасидан озод этилди. Унинг ўрнини узоқ йиллар давомида Чикагодаги ўзбек Ассоциацияси президенти бўлиб ишлаган Сирожиддин Насафи Чикаго шаҳар мэри этиб тайинланди. Муҳтарам

Президентимиз томонидан таклиф қилинган ушбу номзодни сенаторлар бир овоздан тасдиқладилар.

2. Режа бажарилди, навбат мажбуриятга.

Кеча Иллиноис штатининг азамат маккажўхорикорлари зафар қучдилар. Давлатга 160 млн тонналик дон етказиб бериб, давлат режасини муддатидан аввал бажардилар. Азамат маккажўхорикорлар давлатга яна 36 млн тонналик маккажўҳори етказиб бериш мажбуриятини олдилар.

3. Балли ёшлар.

Кеча Чикаго университети талабалари маккажўхори териш ҳашаридан қайтдилар. Азамат ёшлар бир ой давомида маккажўхори далаларида жавлон уриб давлатга 2556 тонна жўхори териб бериб, олқишларга сазовор бўлдилар

4. Бу йил соғлом авлод йили.

Муҳтарам юртбошимиз Барак Обама томонидан келадиган йил соғлом авлод йили деб эълон қилинди. Президентимиз мамлакатда, айниқса ёшлар ўртасида семизлик ортиб бораёрганини ва бу мамлакат иқтисодига жиддий ҳавф солишини уқтирди.

Эслатиб ўтамиз Вазирлар Маҳкамасининг қарори билан ўртача вазн эркаклар учун 170, аёллар учун эса 150 фунт қилиб белгиланган.

Шунингдек савдо шоҳобчаларида питса, гамбургер ва кола сотиш тақиқланган.

Азиз томошабинлар, сиз СБС нинг сўнги ахборот дастурини ўзбек тилида томоша қилдингиз, яна эфирда кўришгунча хайр.

2010 йил, Чикаго

Бахт нима?
ёхуд Баширжон Зайнишев Америкада

(хажвия)

Инсоният пайдо бўлибдики бахт хақида бахс юритишади. Хўш бахт нима? Дунёнинг энг бой одами деб ҳисобланадиган Билл Гейтс бахтлими ёки Ўзбекистоннинг Муборак чўлида битта нонни белига боғлаб, эшак миниб қўй боқиб юрган Содиқ чўпон бахтлими? Президентлик сайловида ғолиб чиққан Украина Президенти Янукович бахтлими ёки Андижоннинг Марҳамат туманида ҳар куни беш-олти соат дарс ўтиб, маошини учма-уч етказиб туриб тинчгина ухлаб кун ўтказаётган Аҳмад муаллим бахтлими?

Албатта бахтни ҳар ким ўзича тушунади. Шахсан мен учун бу бахт биласизми нима? Ҳмм... Мен бошқаларга буйруқ бериб турсаму, буйруқларим бажарилаверса ўзимни бахтли ҳис қиламан. Бошлиқ бўлганга ўхшайсиз дейсизми? Топдингиз, энди ўзимни таништирай: Мен собиқ Ўзбекистон ССРнинг собиқ Коммунистик районидаги, собиқ Ленин колхозининг собиқ маиший хизмат уйининг собиқ директори Баширжон Зайнишев бўламан. Албатта мен хақимда эшитган бўлсангиз керак. Менинг тўғримда Неъмат Аминов деган ёзувчи "Ёлғончи фаришталар» деган китоб ҳам ёзган. Совет даврида ошиғим олчи эди. Ҳар бир даврнинг ўз қонун-қоидаси бўларкан. У замоннинг ҳам қоидаси бор эди, яъни масалан, ҳар доим ўзингиздан лавозими катталарга ярим жилмайиб таъзим қилинг, ўзингиздан вазифаси кичикларга қовоқ уйиб буйруқ беринг. Бошқаси билан ишингиз бўлмасин, ишнинг ўзи кетаверади. Энди озгина мақтаниб қўяй. Қўлимда эллик нафар уста-ҳунарманд ишлар эди. Қилар ишим ҳар хафта уларни тўплаб мажлис қилиш эди. Яъни, ҳар доим кўрсатмалар - буйруқлар берар эдим.

Бажармай кўришсинчи? Ҳар ой охирида ҳисоботни директор, яъни Баширжон Зайнишев тасдиқлайди. Ҳар йили таътилимни олиб Сочими, Ялтами, Юрмалами-марказий курортларга кетар эдим, тўғриси раис мени ўзи билан олиб кетар эди. Менга ўхшаган чаққон, енгилоёқ, бир ёрдамчи унга керак эди-да. Пул бўлса бор. Курортга кетишдан олдин усталарни битта-битта чақириб айтамиз "Хўш фалон куни биз таътилга кетяпмиз, фалончи уста сиз соат 5 да келинг, хўпми? (Яъни 500 сўм олиб келинг деганим бўлади). Кўпчилиги лом-мим демасдан айтган вақтимда келади. Баъзилари озгина тихирлик қилади. Бошлиқжон, мен 5 да келолмайман, сабаби даромадимнинг мазаси йўқ, илтимос 3 да келай. Қовоғимни уйиб 3 да келсангиз келмай қўя қолинг, дердим. Баъзилари таслим бўлиб чиқиб кетишарди. Баъзан тортишадиганлари ҳам бор эди. Уларга кўп ҳам қаттиқ туриб олмасдим. Ҳа майли, бор 4 да келақол, деб қўярдим.

Хуллас, ишим яхши эди. Ўзингиз биласиз Иттифоқ қулади. Коммунистик район ҳам Ленинизм колхози ҳам йўқ бўлди. Маиший хизмат уйи ҳам ёпилиб, усталар мустақил бўлиб кетишди. Табиийки, Баширжон Зайнишев лавозимидан ажралди. Ақл билан меҳнат омон бўлса буёғи бир гап бўлар, деган экан Хасан Кайфий. Яхшиямки ўғлимизни Америкага ўқишга юборган эканмиз. У бу ерда катта ўқишларда қолиб кетди. Дада, сизларни ҳам чақираймми, деб қолди. Хўп дедим. Шундай қилиб оиламиз билан Америкага келиб қолдик.

Албатта Америкада менга, яъни буйруқ бериб ўрганган одамга осон бўлмади. Бу ерда кимга буйруқ бераман? Ким менга қулоқ солади? Зерика бошладим. Аввалига болаларимни йиғиб мажлис қилдим. Ҳар биттасига топшириқларни бўлиб бердим. Яъни масалан, сен ўғлим эрталаб туриб юзингни юв, кейин мактабга бор, сиз онаси эртага қўй гўштига битта палов қилиб қўйинг. Аввалида иш анча яхши эди. Буйруқларим бажарилар эди, кейин-кейин болаларим ҳам гапимга қулоқ солмай қўйишди.(Хеч кимга айтманг-ку, Америка болаларнинг тарбиясини бузар экан.) Ҳатто хотиним ҳам айтганимни қилмай қўйди. Яъни масалан, палов қил десам шўрва қилади, шўрва тайёрла десам чучвара букади. Нимага буйруқни бажармайсан, десам бу ерда демократия дейди. (Ҳе ўргилдим ўша демократиянгдан)

Хуллас, яна зерика бошладим.

Катта ўғлимизга бирорта иш топ, дедим. «Нима иш қила оласиз, дада?» деди. Ўйлаб туриб, ҳммм.. яъни масалан, мен яхши-яхши буйруқлар бера оламан дедим.

- «Дада, бу ерда ишлар буйруқ билан эмас, контракт билан бажарилади » дейди.

- Тўғри, лекин ўша контрактни бажариш учун буйруқ керакми ахир?

Ўғлим, менга кичкина бўлса ҳам буйруқ берадиган иш топ, дедим.

Ўғлим билан бир қанча идораларга кириб чиқдик. Қанча қанча компанияларга аризалар қолдирдик. Аммо таниш билиш бўлмаса қийин екан, бу ерларда ҳам.

Хуллас, бироз оворагарчиликдан сўнг ўғлим менга бир мактабдан «жанитор» деган вазифани олиб берди. Яъни масалан, уёқ-буёқ синфхоналарни тозалайман. Буйруқ бериш нима бўлди, дейсизми, буни ҳам йўлини топдим. Яъни масалан, эрталаб уйдан чиққанда калитимга буюраман: «калитвой эшикни очинг…! Эшик очилади. Машинавой, бизни уйга буринг, тўғрига юринг!»

Ишга борганда, «сиз латтавой, латталик қилмасдан тезда сувга киринг . Супургижон, чаққон-чаққон супуринг!» Ҳамма айтганларим сўзсиз бажарилади.

Мен хурсанд. Менинг ускуналаримга инглиз тили ҳам керак эмас. Улар ўзбекчани тушунишади . Шундай қилиб мен бахтлиман. Сизчи?

Баширжон Зайнишевни ҳикоясини оққа кўчирувчи, Олим Шарипов.

50

СУҲБАТЛАР, МАҚОЛАЛАР

52

Ўзбекистон Қаҳрамони, Халқ шоири Абдулла Орипов билан Чикаго ўзбек-америка жамиятининг бир гуруҳ аъзолари учрашуви

Чингиз Айтматов, Шароф Рашидов, Абдулла Қаҳҳор ва бошқалар ҳақида.

Олим Шарипов:

Мен етмишинчи йиллардан буён Абдулла аканинг шеърлари мухлисиман. Ўшанда биз студентлар Абдулла Орипов билан бўлган учрашувларда борганимизда залда жой етишмай қоларди. Унинг овози ширали ва ўзига хос ёқимли эди. У барча шеърларини ёддан ўқиб берарди. Кейинчалик мен Абдулла ака билан шахсан танишишга ва бир қанча суҳбатларини олиш бахтига муяссар бўлганман. Орадан йиллар ўтди. Мен тақдир тақазоси билан Чикаго шаҳрига доимий яшашга келиб қолдим. Абдулла аканинг Хьюстон шаҳрига даволаниш учун келганини эшитиб, унга қўнғироқ қилдим. Мен уни Чикаго шаҳрига таклиф қилганимда у ўз узр сўраб, даволанишда эканини айтиб, Чикагога кела олмаслигини маълум қилди. Шунда биз жамиятимизнинг бир нечта аъзолари билан ўзимиз бориб шоирни зиёрат қилишга қарор қилдик. Биз Абдулла ака билан унинг ўтмиш хотиралари, шеърияти, буюк кишилар билан учрашуви ҳақидаги хотираларини уч кун давомида мазза қилиб эшитдик. Қуйида мен Абдулла ака билан бўлган савол - жавобларни қисқача матнини келтираман, шоядки, бу азиз ўқувчиларга қизиқарли бўлса.

Мен:

-Абдулла ака, ўзингиз ёзганингиздек:

«Йиллар умримизга қилурми шафқат,

Бирор иш бормикан айлагани ёд.

Қайта тиклаш мумкин ҳаммасин, фақат,

Қайта тикланмагай ўчган хотирот»

Келинг Абдулла ака, бугун Сиз буюк кишилар, таниқли арбоблар, шоир ва ёзувчилар ҳақидаги хотираларингиздан сўзлаб берсангиз. Мени ва мен билан келган дўстларимизнинг Сиздан сўрайдиган саволлари асосан шулар ҳақида.

Абдулла ака:

-Бажонидил. Авваламбор, шунча узоқ йўллардан мени йўқлаб келганларингиз учун хурсандман.

Фаррух Шамсиддинов саволи:

- Абдулла ака, мен Ўшданман. Исмим Фарруҳбек. Сизнинг «Ишонч кўприклари» номли китобингиздаги «Калифорниядаги чойхўрлик» шеърингизни ўқиб, бундан олдин ҳам АҚШга келганлигингизни гувоҳи бўлдим. Айтингчи, олдинги, яъни Совет давридаги ташрифингиздан хозиргиси нимаси билан фарқ қилади?

Абдулла Орипов:

-Тўғри айтдингиз. Мен бундан аввал ҳам АҚШга бир неча марта келиб кетганман. Дастлаб етмишинчи йилларда келганман. Бизга ўшанда АҚШни чириб бораётган капитализм жамияти деб таништиришар эди. Ва бизни келишимиздан олдин маълум маҳкамалар суҳбатдан ўтказиб, бир қанча тавсиялар беришар эди. У пайтларда бизнинг ҳар бир қадамимиз назоратда эди.

Ўзларингиз гувоҳ бўлганингиздек, совет тизими парчаланиб кетди. Капитализм билан бўлган рақобатга дош бера олмади. Яхши томони шу бўлдики, ватанимиз мустақил бўлди. Эндиги келишим эса жуда эркин. Бугунги кунда мен дунёдаги энг катта тиббиёт марказида эканман, Америкада илм-фан ниҳоятда тараққий этганлигининг гувоҳи бўлиб турибман.

Акмалжон Жумабоев саволи:

-Мен Андижонданман. Исмим Акмал. Шоир Муҳаммад Юсуф ҳақида гапириб берсангиз.

Абдулла Орипов:

-Ҳа. Муҳаммаджон менинг шогирдим эди.

Нафақат шогирдим, балки ёзувчилар уюшмасида менинг ўринбосарим ҳам эди. У иқтидорли шоир эди. Ҳатто унинг сенатор бўлишига ҳам мен елиб югурганман. Афсуски у ёш кетди. Қорақалпоғистонга борганимизда, Элликқалъа туманида ўзим гувоҳлигимда жони узилди.

Гулшанбек Равшанбек саволи:

-Мен Қирғизистонданман. Исмим Гулшанбек. Сизни Чингиз Айтматов билан танишлигингиз бор, деб эшитгандим. Шу ҳақидаги хотираларингизни гапириб берсангиз.

Абдулла Орипов:

-Ҳа, Чингиз оға буюк ёзувчи эди. У мени ўз дўстидек кўрар эди. Мен у билан кўп мулоқот қилганман. У Тошкентга охирги ташрифида, мен уни ўз уйимга таклиф қилдим. Шунда у: «Абдулла, мен сенинг уйинга бораман. Лекин, биламан сенинг дўстларинг кўп. Сен уларни барчасини таклиф қила олмайсан. Агар, бир иккитасини таклиф қилиб, қолганларини айтмасанг, улар сендан хафа бўлишади. Кел, яхшиси бирор ресторанда суҳбатлашиб кўя қолайлик» деди. Ўйлаб кўрсам, у ҳақ экан. Сирасини айтсам, у ўзбек халқининг ҳақиқий дўсти эди. Лекин унинг ўзбекларга бўлган дўстона муносабатини баъзи ватандошлари хушламас эдилар.

Элдор Ашуров:

-Мен Элдор Ашуров, Сирдарё вилоятиданман. Ўзбекистоннинг собиқ раҳбари Шароф Рашидов билан муносабатингиз яхши бўлган деб эшитганман. Шулар ҳақида гапириб берсангиз.

Абдулла Орипов:

-Дарҳақиқат, Шароф ака нафақат уддабурон раҳбар, балки буюк зиёли инсон эди. Бу албатта унинг адабиёт соҳасидан чиққанлигидан бўлса керак. Кунлардан бир куни квартирамда телефон жиринглаб қолди. Кўтарсам Шароф ака: «Абдуллажон ўғил кўрибсиз, деб эшитдим. Табриклайман. Исмини нима қўйдингиз?» деб сўрадилар. Катта бир Ўзбекистон раҳбарининг кичкина бир шоирга бўлган муносабатидан ҳаяжонлаиб кетдим.

«Раҳмат Шароф ака, ҳали исм қўймадик. Сиз ва бобоси исм танлаб берасизларда, энди. Бўлмаса, унинг исмини Илҳом қўйинг. Илҳомларга тўлиб юрсин, дедилар. Мен отамга бу ҳақда маслаҳат солдим. Дарвоқе, яқин қариндошларимиздан бирининг ўғлини оти ҳам Илҳом эди. Шунга қарамай, отам зарари йўқ, агар Шароф бобоси танлаган бўлсалар, мен розиман» дедилар.

Ундан кейин ҳам Шароф ака менга доимо раҳнамолик қилганлар. Баъзи бир ёзган шеърларим учун бошимга бир қанча балолар ёғилганда, у киши мени мард туриб ҳимоя қилганлар. Мен Шароф аканинг яхшиликларини ҳеч қачон унутмайман.

Мен:

Абдулла ака, устозингиз ким?

Абдулла Орипов:

Менда Эркин Воҳидов ёки Ўткир Ҳошимовлар каби бирор бир адабиёт тўгарагига қатнаш имконияти бўлмаган. Лекин, ўрта мактабни олтин медалга битирганман. Кейин, Тошкент Давлат Университетининг Филология факультетига ўқишга кирдим. Шунда менинг адабиёт майдонига кириб келишимга раҳматли Абдулла Қаҳҳор кўп раҳнамолик қилган.

Мен:

-Мароқли суҳбатингиз учун катта раҳмат, Абдулла ака. Янги ёзган шеърларингизда ўқиб берсангиз.

Абдулла Орипов:

-Ҳа. Гарчи даволанаётган бўлсамда, Ҳюстондаги ижодим сермазмун ўтаяпди. Шу пайтгача Ҳюстонда ёзган шеърларимнинг сони 85 тага етди.

Шу тариқа Абдулла ака бизларга «Ўтар дунё» ва «Агар сенсиз» деб номланган шеърларидан ўқиб бердилар.

Шеърларидан баҳраманд бўлгач, у кишига ташаккур айтиб, Чикаголик миллатдошларга тилакларини ҳам эшитдик.

Абдулла Орипов:

-Чикаголик ўзбеклар қилаётган ишлар ҳақида бир қанча илиқ гаплар эшитганман. Олимжон, сизнинг раҳбарлигингизда тилимиз ва маданиятимизни сақлаб қолиш ва америкаликларга ўзбек миллатини, Ўзбекистонни танитиш борасида қилаётган ишларингиз ибратлидир. Мен, бир хаста шоирни зиёрат қилиш учун шунча масофадан келганларингиз учун миннатдорман. Қаерда бўлсаларинг ҳам соғ бўлинглар. Миллатимиз, ватанимиз шаънини баланд кўтараверинглар.

Мен:

Абдулла ака, сизгаям катта раҳмат. Аллоҳ ўзи дардингизга шифо берсин.

Мухлисларингиз, бола-чақаларингиз бахтига омон бўлинг.

12 Сентябрь, 2015 йил

Хьюстон шаҳри, Техас.

Ўзлигимизни унутмайлик.

(Суҳбат)

Ҳакима Насафийнинг ота-боболари Қашқадарё вилоятининг Касби туманидан. Оталари Сталин қатағони даврида Афғонистонга қочиб ўтишган. Кейинчалик, 40 йилларча аввал уларнинг оиласи АҚШга кўчиб келишган.

Савол:

Ҳакима ая, оилангизнинг Чикагога келиб қолиш сабаблари ҳақида гапириб берсангиз.

Жавоб:

Ҳа, бизнинг Америкага келишимиз турмуш ўртоғим Сирожиддин Насафийнинг 1971 йили талаба бўлиб келишлари билан боғлиқ. Кейинчалик бутун оила аъзоларимиз билан бу ерга келдик.

Савол:

Америкага янги келган пайтингиз қандай қийинчиликларга дуч келгансиз?

Жавоб:

Албатта қийинчиликлар бўлган. Хусусан, тил

билмасдим, тил билмасангиз иш топиш ҳам осон бўлмас экан. Аввало инглиз тили курсига кириб ўқидим. Кейин иш топилди. Худога шукур, вақт шунча тез ўтар экан, битта компанияда 33 йил ишлаб, нафақага чиқдим.

Савол:

Сиз Афғонистонда таваллуд топгансиз.

У ерда давлат тили форс ва афғон тили. Кейинги ҳаётингиз Америкада ўтаяпди. Бу ерда асосий тил инглиз тили. Шунга қарамасдан фарзандларингиз ўзбек тилида яхши гапиришар эканлар. Айтингчи, бу муваффақиятга қандай эришдингизлар?

Жавоб:

Ҳа, биз дастлаб Кобулда яшар эдик. Раҳматли қайнотам Ҳожи Ғиёсиддин Насафий бизга уйда фақат ўзбекча гаплашишни тавсия этган эдилар. Шу тартибни биз Америкага яшаган пайтимизда ҳам давом эттирдик. Худога шукур, бугунга қадар шу қоидага риоя қилиб келаяпмиз. Бугунги кунда нафақат болаларим, балки шу ерда туғилган невараларим ҳам ўзбекча билишади.

Савол:

Айтингчи Ҳакима ая, Америкада Сизга нима ёқади-ю, нима ёқмайди?

Жавоб:

Яхши савол. Америка демократияси яхши,

миллатидан, ирқидан, динидан қатъий назар ҳар қандай шахс бу ерда ўзи хоҳлаганча яшаши мумкин. Энди, масалан, мана шу демократияни суистемол қилиб, баъзиларнинг ахлоқсиз қилиқлар қилиши менга ёқмайди. Шунингдек, бу ерда ёшларнинг катталарга ҳурмати унчалик яхшимас.

Савол:

Ҳакима ая, яқинда бир гуруҳ ташаббускорлар ҳаракати билан Чикагодаги ўзбекларнинг жамоаси (UAAC) тузилди. Сиз шу ташкилотга аъзо бўлиб кирдингиз. Айтингчи, аъзо бўлишдан мақсадингиз нима?

Жавоб:

Мақсадим, аввало ватандошларимни кўриб туриш. Ундан кейин уларга бирор-бир соҳада озгина ёрдамим тегса ўзимни бахтиёр ҳис қилардим.

Савол:

Раҳмат, Ҳакима ая, энди охирги анъанавий савол. Америкага энди келиб яшаётган ватандошларимизга нима истакларингиз, маслаҳатларингиз бор?

Жавоб:

Менинг ватандошларимга истакларим: Тилимизни, динимизни, урф-одатларимизни сақлаб қолайлик. Бунинг учун, хусусан болаларимиз билан ёшлигидан жиддий шуғулланайлик. Боланинг ёшлигидан ўргатсангиз кейин ўзингизга осон бўлади.

Хуллас, ўзлигимизни йўқотмайлик.

Чикагода шундай йигит бор, ёхуд таиландлик келин ҳақида

Мен бу йигитнинг ҳаёт тарзини кузатар эканман, бир пайтлар Ўзбекистондаги газеталар "Ажойиб фазилатли кишилар" рукни остида чоп этган мақолалардаги қаҳрамонлар ёдимга келади.

Танишинг Бекзод Азимов, 25 ёшда. Қўшма Штатларга бундан беш йил аввал келган, ўшлик ўзбеклардан.

Бекзод қисқа вақт мобайнида катта муваффақиятларга эришди. Бизнес бўйича коллежни битирди. Компьютер дастурлаш соҳасида қўшимча курсларда таълим олди. "Linux" операцион тизими администраторлиги бўйича сертификат олиб, ҳозирги вақтда "Orbitz" компаниясида ишламоқда. Унинг яна бир катта муваффақияти бор. Бир кишининг Ислом динига кириб ҳидоят топишига сабабчи бўлган.

Бекзоднинг фазилатлари

Менга бу йигитнинг софдиллиги, меҳнатсеварлиги ва миллатпарварлиги ёқади.

У фақат ўзини ўйламайди, балки бошқаларини ҳам (айниқса, ватандошларини) муваффақиятга эришишга ундайди. Бунга бир мисол. У ўз соҳаси бўйича малакасини ошириб борар экан, шу соҳага қизиққанлар учун онлайн дарсларни ташкил этди. Қувончли томони шундаки, ушбу дарслар тез орада ўз самарасини бера бошлади. Қисқа вақт ичида бир қанча миллатдошларимиз шу соҳада ишга жойлашишга муваффақ бўлди.

Қаҳрамонимизни суҳбатга тортамиз.

Келинг, яхшиси, Бекзоджон ҳақида кенгроқ маълумотни унинг ўзидан олсак.

– Бекзоджон, қандай қилиб АҚШга келиб қолгансиз?

– Мен Қирғизистоннинг Ўш шаҳриданман. АҚШга Американинг "Work and Travel" дастури бўйича келдим ва ўқишга кириб қолиб кетдим.

– Онлайн дарслар ташкил қилиш ғояси сизга қаердан келиб қолди?

– «Linux» системаси бўйича ишлаётган тажрибали акаларимиз менга шу маслаҳатни беришди ва мен бу ғояни улардан олдим.

– Сиз буни бирор бизнес режани ўйлаб қилдингизми ёки…?

– Йўқ, йўқ, мен бунда ҳеч қандай бизнесни ўйламаганман. Биринчидан, дарс қилиш давомида ўзим ҳам такрорлайман, ўрганаман. Иккинчидан, бошқалар ҳам муваффақиятга эришса, мен хурсанд бўламан.

Таиландлик келин

Суҳбатимизни Бекзоднинг шахсий ҳаёти ва оиласи мавзусига бурамиз.

– Мумкин бўлса турмуш ўртоғингиз-таиландлик келин ҳақида гапириб берсангиз. Қачон ва қандай танишгансизлар?

– Турмуш ўртоғим Муслимахон (Асл исми Пассорн) Таиланднинг Бангкок шаҳридан. Мен у билан Алабамада танишганман. У ҳам "Work and Travel" дастури билан келган эди. Биз танишганимиздан қисқа вақт ўтиб, у Таиландга қайтиб кетди. Биз бир-биримизни ёқтириб қолдик ва "Facebook" орқали ёзишиб турдик.

– Унинг Ислом динини танлаши қандай рўй берди?

– Уларнинг асл дини Буддавийлик экан. Муслимахон Бангкокда АҚШнинг католик мактабида ўқир экан. Унинг Насоро дини тарихини ўрганганлиги, Исо пайғамбар ҳақидаги маълумотлари менга қўл келди. Мен унга Ислом дини ва пайғамбаримиз ҳақида кенгроқ тушунтирдим.

– Бу иш осон бўлмагандир?

– Ҳа, албатта. Бир қанча саволларга жавоб беришга тўғри келди. Баҳонада ўзим ҳам динимиз тўғрисида анча кўпроқ маълумотга эга бўлдим.

– Унинг ота-оналари-чи, улар бунга қандай қарашди?

– Дастлаб, улар қаршилик қилишди. Чунки улар мусулмонлар ҳақида бироз янглиш фикрда эканлар. Ҳар ҳолда, улар зиёли кишилар экан, бир қанча саволларига қониқарли жавоб олган бўлсалар керак, рози бўлдилар.

– Келин Муслимахон исмини ўзи танладими?

– Мен танладим ва у бунга рози бўлди.

– Тўй қачон бўлди?

– 2011 йилда Муслимахон АҚШга ўқиш визаси билан қайтиб келди. Бухгалтерия бўйича магистратурани тамомлади. Ўтган йили тўйимиз бўлди.

– Сизнинг ота-онангиз буни қандай қабул қилдилар?

– Биз яқинда Ўшга бориб келдик. Улар Муслимани ўз қизларидек қабул қилдилар. Муслимахон ҳам уларни, бизнинг жойларимизни ёқтириб қолди. Унинг айтишича, таиландликлар ва ўзбеклар менталитети ўртасида бир қанча умумий ўхшашликлар бор экан. Хусусан, ёшларнинг катталарни ҳурмат қилиши, аёлларнинг ўз эрларига эҳтироми ва ҳоказолар.

– Бекзоджон, яна бир савол. Биз ўзбеклар Америкада озчиликмиз. Кўриб турибсиз, янги авлодлар дунёга келишяпти. Болалар катта бўлишяпти. Баъзи ўзбек болаларимиз она тилларини билишмайди. Айтингчи, сиз фарзандларингизни қандай тарбия қилган бўлардингиз?

– Мен фарзандимнинг ўзбек тилини ва маданиятимизни унутмасдан ва албатта, ўзимизнинг динимизда бўлишини хоҳлайман. Мен буни ўйлаб қўйганман. Бунга эришса бўлади. Мана ҳозир Чикагода болалар учун ўзбекча дарслар ўтилаяпти. Болалар бир-бирлари билан гаплашадилар, дўстлашадилар ва бу анча фойдали бўляпти. Мен ҳам, Худо хоҳласа, болаларимни ўзбек жамоаси ичида катта қилишга ҳаракат қиламан. Албатта, вақти-вақти билан Ўшга ҳам юбориб тураман. Ҳатто ўша жойдаги Америка мактабига бериш режам ҳам бор.

– Ўзингизнинг келажак режаларингиз қандай?

– Компьютер соҳаси бўйича малакамни ошириб бориш, катта, машҳур компанияларда ишлаш ниятим бор ва албатта, ўзбек жамоамизга холис Аллоҳ ризолиги учун хизмат қилмоқчиман.

– Энди анъанавий саволларга ўтсак. Ҳаётдаги идеалингиз?

– Пайғамбаримиз Муҳаммад саллоллоҳу алайҳи васаллам.

– Севган шиорингиз?

– Яхшилик қил, дарёга от – билса балиқ билсин, билмаса Холиқ.

Олим Шарипов,
2014 йил, Чикаго

Чикаголиклар фахрланадиган йигит

Дейдиларки, одамлар асосан табиатан уч тоифа бўлишар экан.

Биринчи тоифа одамлар «Ғийбатчи одамлар» (Gossip person)- улар бошқаларни гапини қилишни яхши кўришар экан;

Иккинчи тоифа «Савдо одамлари» (Business person) - Буларни мавзуси фақат бизнесдан, пулдан иборат экан.

Ва ниҳоят учинчи тоифа «Ғояли кишилар» (Persons with great ideas) - Булар ҳаётда фақат янги - янги ғоялар устида бош қотиришар эканлар. Шунингдек буларни Зиёли (Intelligent) кишилар ҳам дейишар эканлар.

Мен Жамшид Эшонхўжаев тўғрисида ҳар гал ўйлаганимда уни учинчи тоифага киритаман. Нега дейсизми? Мана эшитинг:

Жамшиджон бизнинг Чикаголик Ўзбеклар (UAAC) ҳайъат аъзолигига қўшилганига атиги бир йил бўлди. Мана шу қисқа вақтда у ўзининг янги - янги ғоялари билан жамоамиз обрўйига обрў қўшди. Албатта, бизнинг ҳайъат аъзоларимиз кўнгилли холис хизмат қилувчи фидоий инсонлардан ташкил топган. Шундай жамоага Жамшиджонни қўшилгани эса нур устига аъло нур бўлди.

Унинг ташаббуси билан биз ўзбек тилига давлат тили мақоми берилганлигининг 26 йиллиги муносабати билан Қўшма Штатларда яшовчи болалар ўртасида «Олтин қалам» танловини, ўзбек пазандачилигини қардош халқларга намойиш қилиш мақсадида «Палов куни», Буюк Ўзбек шоири ва ўзбек тили асосчиси Алишер Навоий таваллудининг 575 йиллиги муносабати билан «Навоийхонлик», Улуғ Ўзбек саркардаси Амир Темур туғилган кунга 680 йил тўлиши муносабати билан чикаголиклар ўртасида шахмат мусобақаси каби бир қанча тадбирларни ўтказдик.

Диққатга сазовор томони шундаки, Жамшиджон ушбу тадбирларни нафақат таклиф қилди, балки унинг ўзи ушбу тадбирларни ўтказишда шахсий намуна бўлди, вақтини ва маблағини аямади.

Бундан ташқари у Чикаго ўзбек-америка ассоциациясининг турли тадбирларини ахборот воситаларида ёритишда (Фасебоок, Инстаграм, Ватандош, Кун.Уз ва бошқалар) ҳам жонбозлик кўрсатмоқда. Унинг яхшигина журналистик таланти ҳам бор.

У ўзи асосан рус мактабида таълим олганига қарамасдан ўзбек адабиётини ҳам яхши билади. Инглиз тилида равон гаплашади. Яхши кўрган спорти бокс билан мунтазам шуғулланади.

Бир сўз билан айтганда Жамшиджон ҳақиқий зиёли йигит.

Биз - чикаголиклар Жамшиддек сафдошимиз борлигидан фахрланамиз.

Олим Шарипов.
2016 йил, Чикаго

Ҳар кимнинг ўз фалсафаси бор

1. Ўғри фалсафаси: менинг топганим ҳалол. Қанчалар заҳмат чекаман. Ҳамма ором уйқуда пайтида мен ишлайман. Бошимни қотириб режалар тузаман. Ўғирлаганимдан сўнг билиб қолишмадимикин, деб асабларим нотинч бўлади. Ўғирликни изини ёпиш учун қанча тадбирлар тузаман. Эҳ-ҳе бизга ҳам осон эмас...

2. Ёлғончи фалсафаси: Ёлғонни ҳам ҳамма тўқий олмайди. Унга ҳам калла керак, ақл керак. Ғирт ёлғонни рост каби қилиб гапириш ҳар кимнинг ҳам қўлидан келмайди. Аслида ёлғончилар- энг талантли одамлар.

3. Қароқчи фалсафаси: Меники тўғри- бордан оламан, йўқдан эмас. Шиорим ўғирладими, якка емасин. Бекорга ўғрини қароқчи уради, дейишмаган.

4. Фоҳиша фалсафаси: Бу менинг мулким, хоҳласам сотаман, хоҳласам текинга бераман. Бу беш кунлик дунёда ўйнаб қолиш керак. Ёшлик ўтади, кетади. Кейинги пушмон, ўзингга душман.

5. Шаробхўр фалсафаси: Нима бўлибди,

ичсам ичибманда. Ичсам ўз пулимга ичдим. Қолаверса мен безбет эмасман, менда ҳам қалб бор. Ҳаётнинг баъзи бир ноҳақликларига чидай олмайман. Унутиш учун ичаман.

6. Каллакесар фалсафаси: Жамиятни ёмонлардан тозалаш керак. Мен савоб иш қиламан.

7. Порахўр фалсафаси: Мен одамларнинг ҳожатини чиқараман, ёрдам қиламан, ўзлари беришади. Яшаш учун кураш керак. Лекин эҳтиёт бўлган маъқул. «Ўнг қўлинг олганини чап қўлинг билмасин» деган ҳадис ҳам бор.

8. Қўшмачи фалсафаси: иккита одамни келиштириш савоб дейдилар. Менинг ишим одамларни ҳожатини чиқариш.

Ким қандай ўйлайди?

Америкалик

Эр хотинига: Тезроқ боламиз вояга етса ва уйдан чиқиб кетса битта хона бўшар эди. Биз шу хонага битта ит сотиб олар эдик. Мазза қилиб хиёбонларда итимни етаклаб юрардим...

Ўзбек

У ҳам хотинига: Тезроқ боламиз вояга етса, уйлантирсак, невара кўрсак, неварага тўй қилар эдик, элга ош берар эдик. Мазза қилиб неварамни кўчаларда етаклаб юрсам эди...

Америкалик

Қизи бирор йигит билан кетиб қолганда: Яхши бўлибди, битта хона бўшади. Харажатларимиз ҳам камаяди. Қаерда бўлса, соғ бўлсин. Ишқилиб тўй қилса айтармикин, айтса, албатта бораман.

Ўзбек

У ҳам қизи биров билан кетиб қолса: Падарига лаънат! Шарманда қилди. Эл ичида бош кўтариб юролмайдиган бўлдим. Топсамми, ўзим биламан нима қилишни...

Фидбэк

Интернет орқали савдо қилар эканман бир нарсани ўрганиб олдим. Бу -Фидбэк (ингл. Feedback). Фидбэк дегани бу сизнинг харидор ёки мижоз олдида кўрсатган хизматингизга берилган баҳоси демакдир. Фидбэк уч турли бўлади. Ижобий (Positive) , ўртача, (Neutral) ва салбий (Negative)

Барча савдо қилувчилар, қаттиқ эътибор беришадики, фақат ижобий фидбэк олсалар. Агар битта ҳам салбий фидбэк олмасангиз, бу демак сизнинг фидбэк даражангиз 100 % бўлади. Натижада харидорларингиз сизга бўлган ишончи-эътибори ошади ва савдоингиз юришади, бу демак пулингиз кўпаяди.

Агар озгина эътиборсизлик ёки хато қилиб харидорга бошқа ёки сифатсиз маҳсулот етказиб берилса, ёинки ўз вақтида етказиб берилмаса, демак харидор сизга салбий яъни «негатив» фидбэк қўйиши мумкин. Бу энди ёмон ва сизнинг фидбэк даража-фоизинингиз пасаяди. Натижада харидорлар сони камаяди. Бизнесингиздан хайр-барака кетади. Шунинг учун фақат қандай қилиб бўлса ҳам харидорни рози қилишга ҳаракат қиласиз: бирор нарсани қурбон қиласиз ёки пулини қайтариб берасиз ё бўлмаса яна бирор нарса юборасиз. Хуллас, қандай қилиб бўлмасин харидорларнинг кўнглини топишга ҳаракат қилинади.

Шу сабабли мен ҳам бизнесим жараёнида фақат яхши фидбэк олишга ҳаракат қиламан. Хатто хотиним ҳам буни яхши тушуниб қолган ." Дадаси туринг, тезроқ нарсаларни тайёрлаб жўнатинг , яна ёмон «фидбэк» олиб ўтирманг." деб мени эрталабдан уйғотади. Ўғлим ҳам «Дада, фидбэкингиз қандай бўляпти», ҳалиги негатив фидбагингизни харидор қайтариб олдими?" деб сўраб қўяди.

Шу ўринда ўйланиб қоламан: Қани энди биз бандалар ҳам Аллоҳ Таоло олдида доим ижобий фидбэк олишга ҳаракат қилиб яшасак. Билиб билмай бирор гуноҳ қилиб қўйганда ўша гуноҳимизни қандай қилиб ўчириш учун, «негатив » фидбэкни йўқ қилишга ҳаракат қилгандек уринсак.

Харидорни рози қилгандек Оллоҳни ҳам рози қилиш учун гуноҳимиз орқасидан бирор савоб иш қилиб қўйсак. Харидорни кўнглини олиш учун ширин уйқудан воз кечиб, эрта тонгда тургандек , Аллоҳни ҳам розилигини олиш учун ҳам тонг саҳарлаб уйғониб ибодат қилсак.

Қани энди Аллоҳ олдида ёмон фидбэк олмасликка бир биримизни (ҳеч бўлмаса яқин кишиларимизни) огоҳ этиб турсак. Ҳамиша фикру- ўйимиз оллоҳ йўлида яхшиликка даъват, ёмонликдан қайтариш бўлса.

Менимча барча бандалар бутун ҳаёти давомида Аллоҳдан фақат ижобий «фидбэк» олиш фикри билан яшасалар, яъни гуноҳ ишлардан қочиб фақат савоб ишларни қилишга ҳаракат қилсалар олам гулистон бўлар эди.

Менинг Президентга айтган ва айтолмаган гапларим

Мен Президент Мирзиёев билан учрашувга таклиф қилинган 18 кишидан биттаси эдим. Америкада яшаётган ўзбек жамоаси вакилларидан фақат мен эдим. Бошқалар, асосан олимлар ва Гарвард университети талабалари эдилар.

Президент кутилган вақтда етиб келдилар ва ҳар биримиз билан қўл бериб кўришиб чиқдилар.

Жаноб Мирзиёев ўрта бўйли, истараси иссиқ киши эканлар. У киши Ўзбекистонда бўлаётган ўзгаришлар, олиб борилаётган ишлар ҳақида гапириб бердилар. Сўнгра илм-фан соҳасида Америкада ишлаётган бир нечта олимлар билан фикр алмашдилар. Олимларимиз мамлакатда бўлаётган ижобий ўзгаришлардан мамнун эканликларини айтдилар ва ўзларининг аниқ таклифларини ҳам бердилар, хусусан:

1. Илм-фанни ўз-ўзини бошқаришга ўтказилишини;

2. Илм-фанни ривожлантиришда чет элларда яшаётган ўзбек олимлари тажрибасидан фой-

даланиш (Туркия мисолида) мақсадга мувофиқ эканлиги айтилди.

Президент: «Тўғри айтасизлар, сизлар биздан анча олдин кетгансизлар, мен шунинг учун ҳам сизлар билан учрашишни лозим топдим. Келинглар, ишни америкалик ўзбек олимларидан бошлайлик, кейин бу тажрибани бошқа мамлакатлар олимлари билан давом эттирамиз. Ватан учун ким нима қила олади?» дедилар. Олимларимиз агар шароит яратиб берилса Ватан учун хизмат қилишга тайёр эканликларини билдирдилар.

Суҳбат яхши кетаётган эди. Шунда масъуллардан бири президент қулоғига бир нарсалар деб кетди. Шундан сўнг президент вақт оз қолганлигини, бошқа йиғилишда уни кутиб туришганларини айтиб узр сўради. Кимни қандай саволи бўлса тезроқ айтиши мумкинлигини айтди.

Мен ҳам шошилинчда иккита таклифимни айта олдим, холос. Булар қуйидагилар эди:

1. Бизнинг ўзбек мактабимиз учун ўқув қўлланмалари юборилса;

2. Ўзбек болаларининг гуруҳ бўлиб Ўзбекистонда дам олиб келишлари учун шароит яратилса.

Жаноб Президент юқоридаги таклифларнинг ижроси учун тегишли одамларга кўрсатма бердилар.

Вақт жуда оз эди.

Сирасини айтганда ватанимиз манфаати учун менинг Президентга айтадиган бир қанча таклифларим бор бўлиб, булар қуйидагилар эди;

1. Ўқитувчини обрўсини кўтариш бўйича махсус қарор қабул қилинса;

(Мактаб ва Олий ўқув юртларида билим жуда пасайиб кетган, одамлар китоб ўқимай қўйишган, хусусан ўзбек тилимиз кундан кунга ғариблашаяпди. Халқ орасида ўқитувчилар обрўси жуда паст)

2. Чет элларда яшаётган ўзбек жамоаларига илм-фан, адабиёт ва дин вакиллари юборилиб турилса болаларимизни миллийлик руҳида тарбиялашга анча фойдаси бўлар эди.

(Камина яқинда Ҳаж зиёратида бўлганимда турли мамлакатлардан келишган турк ҳожиларини кўриб суҳбатлашдим. Улар Австралия. Канада, Америка, Норвегия, Швеция ва Европанинг турли мамлакатларидан келган эканлар. Айтишларича ўн миллондан ортиқ турклар мамлакатдан ташқарида яшар эканлар. Туркия ҳукумати ўз фуқаролари учун Қуръон қориларимомлар юборган экан. Масжидларнинг ҳам маълум бир қисм харажатини Туркия давлати тўлар экан. Имомлар йил- ўн икки ой ўша жойларда хизмат қилишар эканлар.

Бу ишлар туркларнинг бир хил ғояларда ушлаб туришга, ёшларнинг турли оқимларга кириб кетишларини олдини олишга ёрдам берар экан.)

3. Биз, чет элларда муқим яшаётган миллатдошлар учун Ўзбекистонга бориб-келиш ҳужжатлари осонлаштирилса.

(Икки фуқаролик қонуни қабул қилинса, Туркия каби ёки Грин карт берилса Ҳиндистон сингари)

Мен мана шуларни айтмоқчи эдим, вақт тиғиз бўлгани учун айтолмадим. Ҳар ҳолда жаноб Мирзиёевнинг биз билан учрашганлари биз-чет эллик ватандошлар билан мулоқотлар доирасида эзгулик сари қўйилган дастлабки қадам деб ҳисоблайман.

Ва мен бу учрашувдан катта умидлар билан қайтдим.

23 Сентябрь, 2017 йил

Илова: Ҳа дарвоқе учрашувдан қайтар эканман элчихона ходимлари қўнғроқ қилиб қолишди. Президентимиз олиб келган махсус чизилган Самарқанд, Регистон суратини бизнинг Чикаго Ўзбек-Америка Жамияти маданият марказимиз учун муносиб кўришибди. Яна бир бор ташаккур деймиз, президентимизга.

«Янги ўзбеклар» ҳақидаги ўйларим, ёхуд сиз нима дейсиз ?

Биз яшаётган Чикаго шаҳри ва унинг атрофларида ўзбеклар кўпаймоқда янги оилалар кўчиб келишаяпти, янги авлодлар туғилаяпдилар. Вақт ўтган сайин болалар улғайишаяпдилар. Ёшларнинг кўпайишгани, улғайишгани сайин уларнинг келажаги ҳақида кўпроқ бош қотиришга тўғри келаяпти. Хўш, биз авлодларимизни қандай тарбияласак мақсадга мувофиқ булади? Бошқача айтганда «янги ўзбеклар» авлоди қанақа бўлиши керак? Мен мана шу мавзуда фикрларимни бошқалар билан ўртоқлашишни кўпдан бери ўйлаб юраман.

Менимча, бизнинг «янги ўзбек авлоди» учун олти омил жуда муҳимдир:

- Она тилини билмоқ;
- Динини билмоқ;
- Тарихини билмоқ;
- Бир ёки бир нечта хорижий тилни яхши ўзлаштирмоқ ;

- Физика, кимё, математика каби аниқ фанлардан бирини яхши ўзлаштирмоқ ;
- Ва албатта ҳозирги замон компьютер технологиясини ўрганмоқ;
- Буюк турк жадидчилик ғоясининг асосчиси Исмоил Гаспиринский 1905 йилдаёқ ёзган эди: " Миллатнинг асоси иккита: тавҳиди тил *(тил бирлиги)* ва тавҳиди дин *(дин бирлиги)*. Дарҳақиқат тилнинг ўрни беқиёс: Инсоннинг оти бўлмаса ўзи ҳам йўқ демакдир, шунингдек тили бўлмаган инсон ҳам соқовдир".
- Дарвоқе, дин масаласида яқинда Чикагодаги бир нечта ота-оналарнинг дин ҳақидаги фикрини сўралганда улар «Менинг болам ўз динини ўртача билса бўлди» дейишди. «Ўртача билиш бу қанча?» деб сўралганда , улар асосан дин асосларини билса, намозларини ўқиб фарз амалларини бажариб юрса шу етарли, деб жавоб қилишди. Албатта бу ҳар кимнинг эътиқодига боғлиқ. "**Фикримча биз болаларимизни Европа илм –фани билан , Ислом ахлоқи ҳамкорлиги маданияти билан тарбияласак тўғри бўлади . Зеро, америкалик олим Дробер «Европа ақлий тараққиёти» китобида**

Европанинг бугунги улуғ зиёси – мусулмонлар ёққан шам ва чироқларнинг ёғдусидан майдонга келгандир "деб бежиз ёзмаган .

- Шунингдек, биз болаларимизга миллатимиз тарихини ўргатмоғимиз ҳам жуда муҳим. Зеро, тарихни билмасдан туриб келажакни яратиш бу жуда мушкул. **Биз болаларимизга ота-боболаримиз буюк цивилизация вакиллари бўлганликларини ёшликлариданоқ қулоқларига қуйишимиз керак. Бу эса уларга фахр ва ғурур туйғусини уйғотади** .

Албатта, чет элда туғилган, яшаётган ёшлар хорижий тилни яхши ўзлаштирадилар .Табиийки, ҳар бир миллатнинг тараққий топмоғи учун жаҳон илм-фани янгиликларидан умум инсоний ғоялардан фойдаланмоғи шарт**.** Лекин бу фикр -ғоялар миллатнинг қалби ва онгидан ўтмоғи, яъни миллийлашмоғи керак. Шундагина миллат йўқ бўлиб кетмайди.

- Бешинчидан, биз жаҳонга машҳур ота-боболаримиз : Астрономия асосчиси Мирзо Улуғбек, математика отаси Муҳаммад ал-Хоразмий, тиббиёт фанига асос солган Абу Али Ибн Синолар аниқ фанларни пухта эгаллаганликлари учун буюк кашфиётлар қилганликларини унутмаслигимиз керак .

• Олтинчидан, ҳозирги замонда илм-фан технология шу даражада шиддат билан ривожланмоқдаки, албатта авлодларимизни янги технологияни ўрганишлари учун шароит яратиб беришимиз керак .**Бироқ , технология ривожланган сайин онг маънавий таназзулга юз тутаётганлигини унутмаслигимиз лозим.**

• Бунинг учун биз янги ўзбек авлодини билимли қилиб тарбиялашимиз керак. **Зеро, маърифат илмдан келиб чиқади.** Хулоса қилиб айтганда, мен «янги ўзбек» авлодини юқоридаги сифатларга эга бўлган маърифатли, илмли,ўз эътиқодига мустаҳкам зиёли инсонлар бўлишликларини орзу қиламан.Шундай қилайликки ,биз нафақат аждодларимиз, балки авлодларимиз билан ҳам фахрланиб юрайлик.

Сиз нима дейсиз, азизлар?....

Сиз Америкага келдингиз...

Ёхуд кўпинча сўраладиган саволларга жавоблар.

Сўзбоши ўрнида:

Бизнинг UAAC нинг uzbekchicago.org вебсайтига Ватандошларимиз АҚШга келиш, бу ерда ҳаётни қандай бошлаш, иш топиш ва шунга ўхшаш саволлар билан тез-тез мурожаат қиладилар. Албатта янги бир жойга келиб ҳаётни қайта бошлаш учун ахборот муҳим роль ўйнайди. Қолаверса янги келган Ватандошларимиз биз - олдинроқ келганлар йўл қўйган хатоларни такрорламасликлари учун ўз ҳаётий тажрибаларимдан келиб чиқиб, билган маслаҳатларни беришни лозим топдим, ва буни «Кўпинча сўраладиган саволлар» тариқасида туздим.

Агар ушбу тавсияларим озгина бўлсада Ватандошларим учун фойдаси тегса ўзимни бахтиёр ҳис қилган бўлар эдим.

Олим Шарипов

Савол: Мен яқинда Грин Карта ютдим, АҚШга бормоқчиман, нима қилсам бўлади?

Жавоб: Аввало фурсатни бой бермай ўша жойдаёқ инглиз тилини ўрганинг. Бу сизга ҳам арзон тушади ва ҳамда тезда иш топиб кетишингизга ёрдам беради. Агар оилавий келсангиз бирорта таниш топишга ҳаракат қилинг, токи сизга арзонроқ уй-жой топишга ёрдам керак бўлади.

Савол: Қандай қилиб инглиз тилини тезроқ ва яхшироқ ўрганса бўлади?

Жавоб: Манбалар жуда кўп:

1. Интернет орқали

2. ESL (English as a Second Language) курслар. (Баъзи жойларда бепул).

3. Мустақил, кутубхонадан қўлланмалар олиб. Масалан мен «HELLO AMERICA» номли 10 томлик (видео ва аудио касеталари билан) курсдан фойдаланганман.

Яна қуйидаги тавсияларни берган бўлар эдим: Кўпроқ ТВ, фильмлар кўринг. Тезроқ одамлар билан аралашишга, гаплашишга (муҳитга киришга) ҳаракат қилинг, тил ўрганишда ҳеч ҳам тортинманг, уялманг.

Агар вақтингиз бўлса кўнгилли (Volunteer) ишларни қидиринг (буни топиш осонроқ). Кўнгилли ишни кутубхоналардан ёки Интернетдан топса бўлади.

Савол: Яшаш учун арзонроқ жойни қандай топса бўлади?

Жавоб: Агар бир ўзингиз бўлсангиз хонадош (roommate) қидиринг. Интернет, газета эълонлари, танишлар орқали. Агар бирор танишингиз бўлмаса Facebook америкадаги ватандошларнинг жуда кўп гуруҳлари бор. Маслаҳатлар сўрасангиз бўлади. Ундан ҳам арзонроғини топса бўлади. Баъзилар уйнинг ертўласи (basement)га ижарага қўйишади. Ёки бирор қарияга қарайдиган иш бўлса ётоқхона текинга тушади.

Агар оилали бўлсангиз унда ҳам бир хонали квартира (апартмент)ларни топса бўлади. Чикаго атрофлари арзонроқ ($600-$800). АҚШда бир хонали квартира икки хонадан иборат-яъни битта bedroom ва битта living room.

Савол: У ерда мен қанақа ишни тезроқ ва осонроқ топа оламан?

Жавоб: Бу яна ўзингизга боғлиқ. Нима иш қила оласиз? Қандай касб-ҳунарингиз бор? Тил билишингиз қанчалик?

Касбингиз бўлмаса келажакда қанақа касбни эгалламоқчи бўлсангиз, қайси соҳада қобилият-талантингиз борлигига қараб энг кичик ишни бошланг. Жуда бўлмаса ҳозирча тўғри келган ишни бошлайверинг.

Масалан, Чикагода янги келганлар дастлаб такси юки оғир юк машиналари (Truck driving) ҳайдашади. Бензин тарқатиш шохобчаларида (Gas Station) ва бошқа кичик дўконларда сотувчилик қилишади. Аёллар касалларга қарашади (Caregiver) ёки болага (babysitter) қараш ишларида ишлашади. Шунингдек шифохоналарда, мактабларда ёки дўконларда тозалаш ишларида (janitor, housekeeping) жойлашишган.

Кейинроқ эса ўзлари қизиққан соҳаларга ўқишиб яхши ишларни олишаяпди. Айтишим мумкинки бирқанчалари ҳозирданоқ компютер соҳасида яхши ишларни олишди.

Савол: Қандай қилиб иш топса бўлади?

Жавоб: Танишлардан суриштиринг, кўчадаги эълонларга қаранг, интернет ва газеталардан изланг. Иш топиб берувчи агентликлар ҳам бор. Русча гапирадиганлари ҳам топилади. Энг яхшиси бирор таниш киши сизни тавсия қилса (Reference) тезроқ ишга олишади.

Савол: Ҳайдовчилик гувоҳномасини қандай олсам бўлади?

Жавоб: АҚШда ҳайдовчилик гувоҳномаси муҳим хужжат ҳисобланиб, қарийб ҳамма жойда сўралади (биздаги паспорт каби). Биринчи ёзма тест топширасиз.

Кейин машина ҳайдаш бўйича амалий имтиҳон топширасиз.

(Биздагидан анча осон).

Савол: Машина ҳайдашни ўргатадиган

мактаблар борми?

Жавоб: Бор, лекин анчагина қиммат, яхшиси бирор танишингиз ёки дўстингиздан ёрдам олсангиз арзон тушади.

(Камина ўнга яқин кишини машина ҳайдашга ўргатганман)

Савол: Озиқ-овқатга кўп пул кетадими?

Жавоб: Бу кўпинча ўзингизга боғлиқ, агар уйда ўзингиз овқат қилсангиз унчалик кўп пул кетмайди : тахминан эллик-саксон АҚШ доллари, бир киши учун. Фақат арзонроқ дўконларни билишингиз керак.

Савол: Болаларимиз она тилларини йўқотмасликлари учун нима қилишимиз керак?

Жавоб: Ҳа, бу жуда ўринли ва муҳим савол. Мен шундай ўзбек болаларини кўрдимки улар она тилларини билишмайди ёки тушунишади, лекин гапириша олмайди. Ва яна шунақа оилани биламанки уларнинг оиласи келганига 40 йиллар бўлган бўлса ҳам уларнинг болалари ўз тилини унутмаган. Демак бу ота-оналарга боғлиқ.

Бизнинг Чикагодаги ўзбек-америка жамиятининг асосий мақсадлари ҳам шу: Болаларимизни ўз она тилларини, урф-одатларини, маданиятини сақлаб қолишлари учун ёрдам бериш. Бунинг учун биз бир қанча тадбирлар ишлаб чиққанмиз. Чунончи, миллий байрамларни бирга нишонлаш, пикниклар ташкил қилиш, болалар ўртасида турли хил ўзбекча мусобақалар ўтказиш ва шу кабилар. Яқин келажакда болалар учун ҳар ҳафтада ўзбек тилида дарслар ташкил қилишни мўлжаллаяпмиз (Sunday School).

Хуллас, агар Чикагода келадиган бўлсангизлар марҳамат, хуш келибсизлар. Бизнинг ўзбек жамиятимиз қўлидан келганча ёрдам беришга тайёр. Адресимиз: **www.uzbekchicago.org** ёки Facebookда ҳам Uzbek Chicago деб қидирасиз.

2010 йил, Чикаго

Дўппи киймай қўйди одамлар...

Бу қандайин кўргулик савдо,
Дўппи киймай қўйди халойиқ.
Бошга лойиқ дўппи йўқдир ё —
Бош қолмади дўппига лойиқ.

(Муҳаммад Юсуфнинг «Дўппи» номли ҳазил шеъридан)

Дарҳақиқат, дўппи бу ўзбек халқининг миллий кийими. Биз ўзбекларни чет элларда юрсак ҳам дўппимиздан таниб олишади. Энг яхши кунларда бир-биримизга дўппи совға қиламиз. Бирор жойга, четга чиқадиган бўлсак асосий совғамиз кўпинча дўппи бўлади. Ҳар хил маросимларимиз дўпписиз ўтмайди. Бир сўз билан айтганда дўппи бу ўзбеклигимизнинг нишонасидир.

Хўш шу кунларда дўппига муносабат қандай? Мен шу тўғрисида фикр- мулоҳаза юритмоқчиман.

Эсимда илк бор АҚШга келганимда совға тариқасида бир нечта дўппи оллиб келган эдим. Нью Йоркдаги савдо дўконларидан бири ўзбек йигитига тегишли экан. Мен танишганимдан хурсанд бўлиб унга дўппи кийгизган эдим. Шунда ҳалиги ўзбек йигит: «раҳмат, лекин мен дўппини хуш кўрмайман» деди. Баданимдан совуқ тер чиқиб кетди. Бошидан дўппини юлқиб олмоқчи бўлдиму, лекин меҳмонлигим эсимга тушиб индамай қўя қолдим.

Яна бир мисол. Мен бир ўзбекни биламан. У киши узоқ йиллардан бери Америкада яшаса ҳам ҳеч қачон бошидан дўпписи тушган эмас. Бу миллатдошимиз «дўппим менинг байроғим, мен ўзбеклигимдан фахрланаман." дейди ва бошқаларга ҳам доимо дўппи кийиб юришни тарғиб қилади.

Бошқа бир мисол. Биз Чикагодаги ўзбеклар турли тадбирлар ва байрамлар муносабати билан вақти-вақти билан йиғилишиб турамиз. Шу йилги Наврўз байрами йиғилишида бировимиз шундай таклиф киритди. Келинглар ҳаммамиз Наврўзда (ҳеч бўлмаса ресторан ичида) дўппи кияйлик деб. Афсуски ўша куни 3-4 кишидан бошқанинг дўппи кийганини кўрмадим. Сабабини сўраганимда баъзилар менга дўппи ярашмайди деса бошқалари дўппи кийиш шарт эмас, дейишди.

Хуллас ўйлаб-ўйлаб ушбу мавзуда ватандошларимиз фикрларини билишни лозим топдим.

Азиз ўқувчилар! Дўппи кийиш уятми? Ёки баъзилар айтганидек дўппи кийиб ўзбеклигимизни билдириш шарт эмасми? Сизлар нима дейсизлар?

Сотқин ким?

Кеч соат 8-9 лар чамаси эди. Елкамда сумка, қўлимда ҳам спорт кийимларим солинган сумкам - спорт залдан уйга қараб бамайлихотир пиёда келаётган эдим. Орқамдан биров чақиргандай бўлди. Ўгирилиб қарадим, биров қўл чироғини менга тўғрилаб, югуриб келаётган эди. Орқадаги тўхтаб турган 2 та полиция машинасини кўриб тушундим- полиция ходими эди. Тўхтадим, у яқин келиб «Биров бизга қўнғироқ қилиб, кўчада бир шубҳали одам юрганини хабарини берди» деди ва исм-фамилиям, манзилимни сўради. Мен исм-фамилиямни, адресимни айтдим. (Уйимга етишимга икки ҳовли қолган эди). Полиция ходими ёзиб олиб қайтиб кетди.

Бу нарса дастлаб менга қаттиқ ботди, қўшниларимдан хафа бўлмоқчи бўлдим. Бироқ ўйлаб кўрсам қўшним тўғри қилган экан.

Америкада қўшнилар бир-бирини кузатиб туришади. Бирор қонун бузилиш ҳолатини пайқашса, дарҳол полицияни хабардор қилишади. Бу кўчани хавфсизлиги бўйича жуда зарур.

Тасаввур қилдим, агар бизда шу ҳолат бўлса, қўшниси бировни нотўғри ҳатти- ҳаракати ҳақида милицияга хабар берса нима бўлар эди? Аминманки, ундан бошқалар нафратланиб кетишар, унга «сотқинми, агентми ёки козёлми-яна нималар деб, ном қўйишарди.

2017 йил, Чикаго

Покланишни ўзимиздан бошлайлик

Бир эрталаб уйдан ташқарига чиқсам, машинамни олд ойнасига ёпиштирилган қоғозга кўзим тушди. Ўқисам «Мен сизнинг машинангизни билмасдан уриб олдим. Менга қўнғироқ қилинг . Номерим .....Жон.» битилган. Машинамни кўздан кечирдим. Ҳа , ёнбошдан озгина жойи қирилган. Рангги ўчган. Унчалик жиддий эмас. Қолаверса ўзи эски машина.

Ёзилган рақамга қўнғироқ қилдим.

Жон кўчанинг нариги бетида турадиган қўшнимизникига келган экан. Машинасини орқага олмоқчи бўлганда кечаси туртиб олибди. У узр сўраб ўзини суғурта компаниясини телефон рақамини берди. Мен дарҳол компанияга телефон қилдим. Тезда у ердан вакил келиб, машинамни кўздан кечириб, ўзларига тегишли ҳужжатларни қилиб кетишди ва менга зарарни қоплаш учун яхшигина миқдорда чек юборишди.

Мен Жоннинг софдиллигига қойил қолдим. Бу нарса кечаси бўлган, ҳеч ким кўрмаган, зарар ҳам унча жиддий эмас. Айтмасдан кетиб қолса ҳам бўлар эди. Мен унга миннатдорчилик билдириб шоколад ва раҳматнома картаси юбордим. Унда «Жон, мен Америка нима учун тараққий этганлигини энди тушундим, бунинг сабаби Сиз каби виждонли кишилар кўплигидан экан. Сизга катта раҳмат» деб ёздим. Тезда У ҳам жавоб тариқасида менга жавоб картаси жўнатди.

Шундан кейин АҚШга 15 йиллар аввал дастлабки келган вақтларимда ўзим билан бўлган бир ҳодисани эсладим. Ўшанда бир компанияда кечаси ишлар эдим. Мен билан ишни тугатган бир касбдошим пиёда экан. Мен уни машинамга ўтиришга таклиф қилдим ва уйига олиб бордим. Касбдошим тушиб кетгач машинамни орқага ола бошладим, бир нарса тақ этди. Қарасам орқадаги тўхтаб турган машинага урилибди. Албатта қаттиқ эмас. Қўрқиб кетдим. У ёқ бу ёққа қарадим, ҳеч ким йўқ эди. Машинамни ҳайдаб кетиб қолдим..

Жон билан бўлган ҳодисадан кейин ўша воқеани эсладим. Жон қилган ишни нега мен қила олмадим? Суғуртам ҳам бор эди, қўрқмасам ҳам бўлар экан.

Агар қўлга тушганимда нима бўлар эди? Менинг ўзбеклигимни билишса нима бўларди? Ўзбеклар ёмон одамлар бўлишар экан, деган таассурот қолмайдими Америкаликларда?

Ич-ичимдан виждоним қийналди.

Дарвоқе, Биз ўзаро бир-биримиз билан суҳбат қилганимизда бизни ўзбекларимиз ундайбундай деб камчиликларни айтамиз. Лекин, ўзимиз шу миллат вакилидан бири эканимизни ўйлаб кўрамизми? Ўзимиз шу қусурлардан холимизми?

Демак, зеҳниятимизда қусур бор экан покланишни ҳар ким ўзидан бошлаши керак, деб хулоса қилдим.

2018 йил, Чикаго

Чикагодаги ўзбеклар жамияти раисининг Америкадаги барча миллатдошларга

очиқ хати.

Ўйларим,

ёки жамият бизга нега керак?

Ҳурматли миллатдошлар,

Кўпчилигингиз биласизлар, мен ушбу жамоа фаолиятида ташкилот очилгандан буён (2009 йилдан) иштирок этиб келмоқдаман. Бу ташкилотдаги раҳбарлик масъулиятини эса менга 2013 йил бошидан юклашган. Албатта, жамиятимиз кўнгилли бўлганлиги туфайли бунда ишлаётган барча ҳайъат аъзолари, жумладан мен ҳам кўнгилли, яъни текинга ишлаймиз. Мақсадимиз миллатга хизмат қилиш , кўпчиликнинг дуосини олиш. Ўтказаётган турли тадбирларимиз сарф-харажатлари эса сиз азизларнинг бераётган аъзолик бадалларингиз ва хайрияларингиз ҳисобидан бўлаяпди. Бунинг учун сизларга ўзимнинг **САМИМИЙ**

миннатдорчилигимни билдираман.

Шу билан биргаликда *(ютуқларимиз ўзимизники)* ташкилотимиз олдида турган бир қанча муаммолар борки, буларни сизларнинг янада фаолроқ ҳаракатларингсиз ҳал қила олмаймиз.

Шу ерда Америкага кўчиб келишган ўзбекларимиз ҳақида қисқача айтиб ўтсам Билишимча Қўшма Штатларда юз мингдан ортиқ ўзбеклар бор дейишади. Булар асосан Нью-Йоркда, ва ундан кейин Калифорнияда истиқомат қилишади. Бизнинг Чикаго ва унинг атрофларида тахминан 1000-1500 киши яшашса керак. Менимча Америкада яшаётган ўзбеклар яшаш тарзлари бўйича ҳозир тахминан 3 тоифага бўлинганлар.

Биринчи тоифа бу ўзбекликни (тили, дини ва маданиятини) сақлаб қолишга ҳаракат қилаётганлар.

Иккинчиси, худога ишонмовчилар - атеистлар. Булар учун она тили унчалик муҳим бўлмасада болаларига рус ва инглиз тилларини ўргатишга ҳаракат қилишадилар . *(Олдинги коммунистлар давридаги ўзбеклар каби)*

Учинчи тоифа бу христиан динига ўтиб ҳаёт кечираётганлар. *(Айниқса Калифорнияда кўп дейишади).*

Хўш биз, қайси тоифага мансубмиз? Манимча кўпчилигимиз биринчи тоифага. *(100 фоиз дея олмайман, чунки жамиятимиз қоидалари бўйича биз ҳар қандай эътиқоддаги кишилар учун бағрикенглик билан иш тутамиз).*

Шундайкуя, аммо...

Биз яқинда ЖАМИЯТ БИЗГА КЕРАКМИ, АГАР КЕРАК БЎЛСА НИМАГА КЕРАК? каби саволлардан иборат СЎРОВНОМА ўтказдик.

Сўровнома 160 кишига электрон почта орқали юборилди. Саволлар «ўзбек жамияти учун марказ керакми, агар керак бўлса қаердан бўлсин ва унда қанақа тадбирлар ўтказилишини хоҳлар эдингиз» кабилардан иборат эди. Натижа: 29 кишидан жавоб келди, холос. Бир киши керак эмас, деди. (*Унинг ҳам бир асоси бордир , албатта. Ҳар ҳолда хурсанд бўлдик, жавоб бергани учун.*). Демак 28 киши керак деди. Бу яхши , аммо 130 кишидан умуман жавоб келмади. *(Биз сўровномани 2 марта юборган эдик)* Бу нимани кўрсатади? Локайдликними, Бефарқликними? Агар бефарқлик бўлса кимга нисбатан- ўзигами, болалари тарбиясигами, ўзбеклигигами?

Шу ўринда яна бир гап. Биз ўзбек тили ва маданиятини ўргатиш бўйича якшанба куни дарслари ташкил қилганмиз. Wheaton шаҳарчасида. Ушбу дастур бошланганига бир йилдан ошганига қарамасдан 5-6 оиладан нарига ошмаяпди. Шуниси қизиқки Mount Prospect, Oak Lawnдан оилалар келган ҳолда, Ўзбекларнинг асосий қисми яшайдиган Napervilleдан фақат 1-2 оила келаяпди.

Азизлар,

Албатта ҳар кимнинг ўз олдига қўйган мақсадлари бор: биров кўпроқ пул топай, дейди. Бошқаси билим олиб каттароқ ютуқларга эришсам дейди. Лекин кўпчиликнинг умумий мақсади битта - **бу болалар тарбияси.** Менинг ҳам 6 та неварам Америкада улғайишаяпти. Буларнинг келажаги ҳақида кўп ўйлайман. **Мен хоҳлайманки менинг авлодларим Американинг яхши томонларини ўргансинлар. Хусусан илғор замонавий технологияни ўқисинлар. Америкаликларни ростгуйликларидан, интизомлиликларидан ибрат олсинлар. Ва шу билан биргаликда улар ўз ота-оналарига низбатан ҳурмат, нонга ҳурмат, меҳмондўстлик (ҳаддидан ошмасдан) шарм-ҳаёлик бўлиш каби ўзбекларга хос қимматли урф-одатларини сақлаб қолсинлар.**

Тасаввур қиламан, эртага невараларим катта бўлишса «америкалашиб» кетишса, менга салом беришмай ўтишса чидарман, майли гиламга оёқ кийимлари билан ўтишса, майли туфлиларини ёстиққа қўйиб туришса чидарман, 12 ёшлик қиз неварам калта иштон кийиб эркаланиб тиззамга ўтирса бироз эзилиб бўлса ҳам чидарман , аммо ўша неварам бугун бу йигитчани, эртага бошқасини бу менинг «бойфриендим» деб уйга олиб келаверса - бу энди менга қийин, ундан кўра....

Савол: Хўш нима қилиш керак?

Жавоб: Жамият тузиш керак;

Унинг атрофида фаол , қаттиқ бирлашиш керак;

Болаларимизни ўзига ўхшаган, биз хоҳлаган дўстларга қўшиш керак;

Биз- ўзбекларнинг ўзимизнинг маданият марказимиз бўлиши керак;

Шу марказда эркак- аёл, каттаю- кичикларга хос турли тадбирлар ўтказиб турилиши керак;

Шу марказ ҳамиша гавжум бўлиши керак.

Азиз миллатдошлар!

Бу менинг Сизларга етказмоқчи бўлган дил сўзларим. Анчадан бери айтмоқчи бўлиб юрган **Қалбим нидолари**.

Сизлар нима дейсизлар?

Барчаларингга соғлик-омонлик , эзгу ишларингизга оллоҳдан барака тилаб,

Олим Шарипов,
UAAC Президенти

28 Август, 2016 йил

Изоҳ: Ҳозирги кунда Чикаго ўзбек америка жамияти ўз маданият марказига эга бўлиб, унинг таркибида турли тўгараклар ишлаб турибди.

САХОВАТЛИ КИШИЛАР

Азизлар,

Дунёда яхши одамлар кўп. Аммо яхшилардан ҳам яхшилари бор. Булар саховатли кишилар, бошқаларга ёрдам бериш учун ўз фойдасидан кечган, масъулиятни ўз устига олган ва ҳатто ўз ҳаётини хавф остига қўйиб бўлса ҳам бошқаларга ёрдам бера олган кишилар. Шундайлар ҳақида эшитганда ёки шу каби одамлар билан бўлган воқеаларни гувоҳи бўлганда «мен шу ишни қила олармидим» деб ўйлаб қоласан, киши.

Дарҳақиқат, улар яхшиларнинг яхшиси-буюк қалб эгалари.

Мақсадимиз шундай кишилар ҳақида бошқаларга айтиб бериш, уларнинг фидоийликларини кўпроқ тарғиб қилиш, бир сўз билан айтганда яхшиликка даъват. Шуни ҳам айтишимиз керакки, бизнинг бу ишга қўл уришимиздан мақсадимиз бирор нарса таъмасида эмас, балки фақат оллоҳ розилиги учундир.

Биз ушбу мавзуни дўстларимиз билан анчадан бери ўйлаб юрар эдик. Ва мавзуни номини «Саховатли кишилар» деб номладик.

Чақалоқни асраб қолган Саидмуҳаммадхон.

Бу воқеани менга раҳматли тоғам- Ҳожи Ғиёсиддин Насафий айтиб бергандилар.

«1931 йил кўклам фасли. Қийин вақтлар эди. Туркистоннинг ҳамма жойида бўлгани каби бизнинг Касби қишлоғида ҳам қизиллар томонидан кулоқлаштириш бошланди. Бирозгина ўзига тўқ, ўртаҳол одамларни ҳам қамоқ ва сургун қилишаётган пайтлар эди.

Биз Касбидан уч оила Афғонистонга қараб йўл олдик. Амударёдан ўтишимиз керак эди. Маълум тўлов эвазига кемачилар ўтказиб қўйишар эдилар. Кемача эгаси яна битта шарт қўйди: «Ҳеч ким овоз чиқармаслиги керак. Агар чақалоқларинг йиғласа дарёга ташлайсизлар. Бўлмаса ҳаммамиз қизиллар қўлига тушамиз». Биз ноилож рози бўлдик. Ҳаммамиз кемага чиқдик. Дарёнинг ўртасига келганда чақалоқ йиғлай бошлади. Кемачи дарҳол овозини ўчиришни- дарёга отиб юборишни талаб қила бошлади. Албатта ҳеч ким бунга журъат қила олмас эди. Онаси чақалоқни бағрига босиб олган, чоқалоқ тинмай йиғлар, бечора онаизор нима қилишини билмай саросимага тушиб қолган эди. Шунда кемачилардан бири болага чанг солди. Шунда Саидмуҳаммадхон тоғам дарҳол кемачини қўлини тутдилар. «Агар шу норасида гўдакни ўлдириб жон сақлайдиган бўлсак, майли ҳаммамиз ҳалок бўлсак ҳам розимиз» дедилар. Худога шукурки, ҳаммамиз соғ-саломат Афғонистон томонга ўтиб олдик.»

Ғиёсиддин Насафий ҳар гал бу воқеани гапириб берганларида ўпкалари тўлиб йиғлаб юборар эдилар.

Айтишларича ўша чақалоқ- қиз бола бўлиб исмлари Маҳбуба экан. У вояга этиб турмуш қуришиб бир қанча ўғил- қизлар кўрган. Кейинчалик оиласи билан Саудия Арабистонининг Мадина шаҳрида кўчиб ўтишган ва саксон йил умр кўрган. Ҳозирги вақтда болалари Америка ва дунёнинг бошқа мамлакатларида яшайдилар.

«Асраса бало йўқ, асрамаса даво йўқ» деб шуни айтишар эканда.

Яхшилик бу дунёда ҳам қайтади

Бу ҳикояни менга қашқадарёлик бир дўстим айтиб берган эди.

Ўтган асрнинг 80 - йилларида бўлган экан. Айни ёз палласида Қашқадарёнинг Китоб туманида яшовчи бир амалдор (У киши ё колхоз раиси ёки завод директори бўлган) кеч соат 10 ларда Самарқанддан Китобга қайтаётган экан. Кечаси қоронғида тоғ ён-бағрида тўхтаб турган «Запорожец» русумли машинага кўзи тушиб шофёрига тўхташга ишора қилибди. Тўхтаб турган машина олдига борсалар, бир рус эркак ва бир аёл бор экан. Маълум бўлишича, улар хотини билан тоғ томонга дам олишга чиқишган. Қайтишда машиналари бузилиб қолган. Шунда ҳалиги китоблик амалдор шофёрига машинани (машина русуми ГАЗ-69 эди) орқага қайтаришга ва бузилган машинани шатакка олишга буюрибди. Шундай қилиб, улар Самарқандга, ҳалиги русларнинг уйигача олиб бориб қўйишибди. Бу ёрдамдан хурсанд бўлиб кетган киши унинг исм-фамилиясини ёзиб олибди.

Орадан бир неча йил ўтган эди. Ўзбекистонга

«Пахта иши» бўйича катта тергов гуруҳи юборилган, Гдлян-Иванов бошчилигидаги терговчилар республикадаги раҳбар кадрларни қамоққа ола бошладилар. Шулар қаторида китоблик амалдор ҳам ҳибсга олинган ва Самарқанд қамоқхонасида экан.

Бахтини қарангки ҳалиги рус киши адвокат экан. У қаердадир ўзига таниш исм-фамилияни, яъни китоблик амалдорни номини кўриб қолибди. Ва шу заҳоти уни адвокатлигини ўз зиммасига олибди. У астойдил ҳаракат қилиб, китоблик кишини турмадан чиқишига ёрдам берибди.

Азизлар, ҳар бир яхшиликка Оллоҳ у дунёда мукофотини беради, дейишади. Баъзи яхшиликлар учун мукофотни ҳам бу дунёда, ҳам у дунёга берар экан.

Талабага ёрдам берган отахон

Ушбу воқеани баёнини Наманган вилоятининг Учқўрғон туманидан бўлган Мафтуна Тожибоева юборибдилар.

У киши ҳозир Америкада магистратура бўйича таълим олаётган эканлар.

«Ўшанда тиллар лицейида талабалар ётоқхонасида туриб ўқир эдим. Ота-онамни ҳафтада бир марта кўрар эдим. Лицейимизда ўқиш осон эмасди. Ўқув юртимизда талаб катталиги туфайлими, билмадим, имтиҳонга келмаганларни осонликча ўқишдан четлаштиришар эди. Буни сизларга айтиб беришимнинг сабаби шуки, ҳаётимда рўй берган ажойиб воқеа айнан чорак имтиҳонлари пайтида рўй берган.

Ҳафта бошида уйдан лицейга қайтар эканман, дадам бир ҳафталик тирикчилик пулимни бердилар. Шу ўринда бир нарсани айтиб ўтиш муҳим деб ўйлайман. Зиёли оилада туғилган бўлсамда, оиламиз бой оила эмасди. Умуман олганда ўша пайтлар аксарият ўзбек оилаларга тирикчилик қилиш осон кечмасди. Шунга қарамай, қийналиб топиб, баъзан қўни-қўшнидан қарз олиб бўлса ҳам ота-онам менинг ҳафталик пулимни вақтида беришар эдилар.

Уйимиздан то Намангангача бир соатлик йўл. Ўқишга отланиш учун жуда вақтли турганим учун бўлса керак, йўл-йўлакай, автобусда ухлаб қолибман. Кўзимни очсам, Наманганга етиб келибмиз. Автобус бўм -бўш. Охирги йўловчилар автобусдан тушаётганига уйғониб кетдим ва мен ҳам тушишга отландим. Шу пайт юрагим шув этди. Ҳамёним йўқлигини сездим. Ҳамёнимни қидирар эканман, хаёлимдан минг хил фикрлар ўтди. Эй Худо, энди нима қиламан? Бир ҳафта қандай яшайман?. Уйга қандай кетаман.?Дадамга нима дейман? Чиққан автобусимгаку пул тўлаб бўлгандим. Аммо, ўқишимга етиб олишим учун яна битта транспортга чиқишим керак эди. Имтихонга қандай етиб бораман?

Автобус ўриндиқларини ва ўриндиқ тагларини яҳшилаб қараб чикдим, лекин ҳамёнимни топа олмадим. Ухлаб қолганимда кимдир ўғирлаб қўйган экан. Ахир автобусга ўтирганимда аниқ қўлимда эди.

Нима қилишимни билмай, автобусдан тушишим билан йиғлаб юбордим. Уятчанг қиз эдим. Ахир бор йўғи 12 ёшда эдимда. Вокзалда оломондан четроққа ўтиб, йиғлаб турсам, соқоллари оппоқ, кийимлари эски бўлса ҳам топ-тоза, аммо юзидан меҳр ёғилиб турган бир нуроний отахон ёнимга келди. «Нима бўлди қизим? Нега йиғлаяпсан?» деди . Отахонга бўл-ган воқеани айтиб берар эканман, хўрлигим келиб, хиққиллаб, йиғим янада кучайиб кетди.

Отахон мени юпатиб, кимлигимни, каердан-лигимни сўради. Мен унга кимлигимни ўзим ҳақимда қисқача сўзлаб бердим. Шунда отахон белидаги белбоғини шартта ечдида ерга қўйди.

«Қизим» деди у белбоғининг ичидан пул ола туриб, "Мана бу пуллар бугунги сабзавотларимни сотишдан тушган даромадим. Бу ерда деярли сен йўқотган пулчалик маблағ бор. Озгина камроқ. Бу пулларни ҳалол экиб, ҳалол ўриб, ҳалол сотиб, орттирганман. Олақол қизим..., ҳеч хижолат бўлма" Мен озгина иккиланиб, кейин эса ҳурсанд бўлиб пулларни олдим. Отахон нафақат менга пул берди, балки ўқишимгача борадиган мини автобусга ўтирғизиб юборди. Автобусчига пулини тўлаб, мени қаерда тушириб қўйишларини айтдида менга хайр маъзур қилди. «Баракалла, қизим. Ҳаммаси яхши бўлади. Имтиҳонда беш олишга ҳаракат қилгин, баракалла» деб худди ўзимнинг бобомдек меҳрибонлик билан гапирди. Автобус ўрнидан қўзғалар экан, унинг охирги табассумини кўз ўнгимда муҳрланиб қолди. .

Ўша куни кўнглим хотиржам, имтиҳонларимни аъло баҳога топширдим. Телефонда ота-онамга бўлган воқеани гапириб бердим. Дадам дарров «Исм фамилиясини ёзиб олдингми?» деб сўрадилар. Мен эса ёшлик қилибми, уятчанглик қилибми у одамни исмини ҳам сўрамабман. Ўшандан буён мен ҳар гал Наманганга келганимда чолларга қарайман, ўша хизрсифат отахонни излайман, зора кўриб қолсам

, кимлигини билиб отамларга айтсам дейман. Отам ҳам у инсонни қидиришдан тўхтамадилар. Бир неча ой ҳар Наманганга кетаётганларида автобус ёки йўналиш таксисига чиқсалар зора бирор ким шу отахонни танисаю, қизимга қилган яхшилигини яхшилик билан қайтарсам деган мақсадда одамларга бўлган воқеани сўзлаб берар эканлар. Аммо, исм фамилиясини билмасдан туриб, у кишини топишни иложи бўлмади. Исмларини билмасакда ўша отахонни кўп гапириб, кўп дуо қилар эдик. Ҳатто у кишини Ҳизр бува деб гапирадиган бўлдик. «Хизр» бува менга қилган яхшилиги учун қалбимдан бутун умрга жой олди. Мен саховатли одамлар дейилганда ана шу «Хизр» бувани кўз олдимга келтираман.

Бу воқеага 13 йил бўлди. У инсонни эса ҳозиргача бутун оиламиз билан эслаймиз ва дуо қиламиз».

Қарангки азизлар,

Инсон биргина қилган яхшилиги туфайли одамлар қалбидан бир умрга жой олиши мумкин экан.

«Сизни менга Оллоҳ юборди»

Бу ҳикояни менга ҳамюртимиз Миржаҳон айтиб бердилар. Ибратли ҳикоя бўлганлиги сабаб бошқалар билан баҳам кўришни лозим топдим.

"Ноябрь ойлари эди. Бир ўзим узоқ йўлга кетаётган эдим. Бирдан машинам тўхтаб қолди. Эътибор бермаган эканман- ёқилғиси тугабди. Кечаси соат 11, қоронғи. Машинани фавқулодда ёқиладиган қизил чироғини ёқиб, ўтиравердим. Баъзи машиналар тўхтаб, сабабини сўрашар, кейин ўтиб кетишар эдилар. Қанча вақт ўтирганимни билмайман, бир пайт тўғримдан чироқларини ёқиб бир машина кела бошлади. Қўрқиб кетдим, машинамни ичидан бекитиб олдим. Ҳалиги машина менинг машинамга рўпарў бўлиб тўхтади. Ичидан бир киши тушди. Қўлида бир нарса бор эди. Менга яқинлашиб кела бошлади. Эҳтиёткорлик билан ойнани озгина тушурдим. У эса қўлидаги идишга ишора қилиб бензин олиб келганлигини айтди. Хурсанд бўлиб кетдим. Машинадан тушиб ёқилғини жойладим. Миннатдорчилик билдириб унга пул узатдим ва «Сизни менга Оллоҳ юборди» дедим. У эса пулни олмади ва деди: «Бораверинг, Сизни ҳам бир куни Оллоҳ кимгадир юборади».

Қизиғи шундаки, ҳалиги киши айтган тилак кўп ўтмай содир бўлди. Қоронғи кечада бир машина тўхтаб турганини кўриб, тўхтадим. Машинасини бир ғилдирагини дами чиқиб кетибди. Бошқа ғилдирак қўйишга эса ускунаси йўқ экан. Мен ўз ускунамни олиб тушдим, биргалашиб ғилдирагини алмаштирдик. У, қувониб кетиб «Сизни менга Оллоҳ юборди» деди. Мен ҳам хурсанд эдим.

Олим Шарипов (орқа қатор, чапдан иккинчи) оила аъзолари даврасида

Олим Шарипов фарзандлари ва набиралари билан.

Олим Шарипов Ўзбекистонга сафар чоғида оила даврасида

Тошкентга сафар

Шариповлар ва Насафийлар Чикаго шаҳридаги хонадонда.

Олим Шарипов оила аъзолари билан дастурхон атрофида. 2020 йил. Чикаго

Олим Шарипов Ўзбекистоннинг АҚШдаги фавқулодда ва мухтор элчиси Жавлон Ваҳобов билан Вашингтондаги элчихонада.

Олим Шарипов Туркиянинг Чикаго шаҳридаги Бош консули Умут Ажар билан.

Олим Шарипов Ўзбекистон футболи афсонаси Биродар Абдураимов билан. Нью-Йорк.

Олим Шарипов бошчилигидаги Чикаго ўзбек-америка ассоцияцияси аъзолари Ўзбекистон Халқ шоири Абдулла Орипов билан учрашувда. Хьюстон, Техас.

Сирожидди хожи Насафий ва Олим Шарипов НБА Юта-Жаз клубининг турк баскетболчиси Энес Кантер билан суратга тушмоқда.

Ўзбекистон Президенти Шавкат Мирзиёев АҚШдаги бир гуруҳ ўзбекистонлик олимлар, диаспора раҳбарлари билан учрашувда.

Чикаго ўзбек-америка ассоциацияси президенти Олим Шарипов ва ҳайъат аъзолари.

Чикаго ўзбек-америка ассоциацияси асосчиси Сирожиддин Насафи (чапда), Олим Шарипов ва адвокат Миракмал Ниязматов

UAAC аъзолари Ўзбекистонлик делегация вакиллари билан.

Олим Шарипов шахмат мусобакаси совриндорлари билан эсдалик суратга тушмокда

ШЕЪРЛАР

Бу «беш кунлик» дунёда

Шайтон айтар: кўп ҳам жонинг қийнама,
Етим кўрсанг юрак-бағринг тиғлама,
Бефарқ бўлгин-ҳар нарсага йиғлама
Яйраб қолгин бу «беш кунлик» дунёда.

Айб эмасдур ўғрилик бу рўшнода,
Қанча давлат йиғсанг бўлмас зиёда,
Умринг ўтар сув оққандек дарёда,
Яшаб қолгин бу «беш кунлик» дунёда.

Кўрмайсанми, не-не гўзал жононлар,
Айшин сурар улар-ла мард ўғлонлар,
Май ичишиб, кайф қилишиб шодонлар,
Ўйнаб қолгин бу «беш кунлик» дунёда.

Керак пайтда майли ёлғон сўзлагин,
Фойда бўлса қасам ичгин-бўзлагин.
Ер ёнса ҳам пинагингни бузмагин.
Яйраб қолгин бу «беш кунлик» дунёда.

Кўп уринма, бўлолмайсан фаришта,
Фақат ғовга дуч келасан ҳар ишда,
Виждон қули доим ғамда- ташвишда,
Қувнаб қолгин бу «беш кунлик» дунёда.

Виждон айтар: банди бўлма шайтонга,
Умр бир бор берилади инсонга,
Ёмон отлиғ бўлмай десанг жаҳонга,
Мени тингла бу «беш кунлик» дунёда.

Ўзинг ўйла- гар ёнмасанг, куймасанг,
Эзгу ишдан қувонмасанг кулмасанг,

Булбулларни хонишини туймасанг,
Муддаонг не бу «беш кунлик» дунёда?

Сахий бўлгин – меҳмон тўлсин уйингга,
Нени топсанг насиб этсин тўйингга,
Молинг олиб кетолмайсан гўрингга,
Очкўз бўлма бу «беш кунлик» дунёда.

Айш ишига аралашган шайтонлар,
Нафсингни тий- сўнг қиласан пушмонлар,
Бода, оғу- булар бари душманлар,
Ҳалол яша бу «беш кунлик» дунёда.

Кўз олайтма сен бировнинг молига,
Оҳуларни отма- қўй ўз ҳолига,
Назар солма ўзга «жуфт ҳалолига»,
Бадном бўлма «бу беш кунлик» дунёда.

Тўғри – қийин виждони бор одамга,
Сиғмай қолар баъзан бу кенг оламга,
Эзгу ишим қолсин десанг боламга,
Виждонли бўл «бу беш кунлик» дунёда.

Даҳолар керак

Азиз дўстлар бизга бугун,
Миллатимиз равнақи-чун,
Аямасдан бутун кучин,
Сарф этгувчи ФИДОЛАР керак!

Сақлаб ўзбекнинг шонини,
Бағишлаб молу- жонини,
Бутун ушлаб иймонини,
Саховатли СИЙМОЛАР керак!

Охиратни ўйлагувчи,
Жаннат исин бўйлагувчи,
Ўзбек тилда сўйлагувчи,
Марду майдон ДОНОЛАР керак!

Маърифатга чорлагувчи,
Жаҳолатни боғлагувчи,
Саодатга бошлагувчи,
Олим, зукко ДАҲОЛАР керак!

Ваъдасига ВАФОЛАР керак!
Миллатпарвар СИЙМОЛАР керак!
Марду майдон ДОНОЛАР керак,
Бизга шундай ДАҲОЛАР керак!

Шоҳида қизим билан ёзишувларимдан.

Шоҳида:

Оллоҳ менга омад берса суюндингиз,

Озор чексам мендан олдин куюндингиз.

Отажоним, бор меҳрингиз илиндингиз,

Гар истасам бутун олам жам бўлади,

Аммо Сизнинг меҳрингиздан кам бўлади.

Қалбим тутдим шеър ёзай деб номингизга,

Мағрур туринг, мен борманку ёнингизда.

Мен бахтлиман оро кирсам жопингизга,

Гар истасам бутун олам жам бўлади,

Аммо Сизнинг меҳрингиздан кам бўлади.

Мен:

Шукурларки сендек оқил қизларим бор,

Изларимдан эргашувчи изларим бор,

Ҳали қанча айтадурғон сўзларим бор,

Мамнунлигинг билсам кўнглим жам бўлади
Маюслигинг сезсам кўзим нам бўлади.

Шеърин ўқиб суйган қизим кўпроқ суйдим,
Шундай болам борлигидан фахр туйдим,
Ҳаёт йўли мураккабдур -чуқур, ўйдим,
Иқболингни кўрсам кўнглим жам бўлади,
Маюслигинг билсам кўзим нам бўлади.

Сунъийлик

Қойилман одамзот заковатига-
Дунё сирларини бир-бир очарлар,
Кўнмасдан борлиқнинг саховатига,
Сунъий нарсаларни ўйлаб топарлар.

Сунъий матоларку - бу оддий жуда,
Сунъий ой тошлар ҳам қилмишлар пайдо,
Кўмирнинг майдаси кетмас беҳуда,
Ундан оппоқ ипак олишди ҳатто.

Сунъий жун, сунъий сут, шакарлар нима,
Сунъий яратмишлар одам қонини,
Сунъий юрак қўйиб, сунъий нафас-ла,
Олиб қолармишлар инсон жонини.

Эй зукко одамлар сизга тасанно,
Йўлдош бўлаверсин ақлу саботлар...
Мен битта нарсадан ташвишда, аммо-
Сунъийлашиб кетди муносабатлар.

Топишмоқ- шеър

Ё Раббий бир ажиб дунёни кўрдим,
Билмадим – ростми ё рўёни кўрдим.
Етти қат ҳижобда зар кокил қизлар,
Очдим- юзларида ҳаёни кўрдим.

(Маккажўхори)

Туҳмат балосидан ўзинг асрагин

Бир номард қошида ожиз қолдим мен,
Шу сабаб қўлимга қалам олдим мен,
Фиску фасодлардан ҳориб толдим мен,
Туҳмат балосидан Ўзинг АСРАГИН.

Нетай жоҳиллардан келгандим қочиб,
Орқамдан тинимсиз бўҳтонлар отиб,
Улар қувиб келди уммонлар ошиб.
Туҳмат балосидан Ўзинг АСРАГИН.

Бир зотки у гапга чечандир- учар,
Оллоҳнинг номила қасамлар ичар,
Қанча бўҳтонларни у тикар, бичар.
Туҳмат балосидан Ўзинг АСРАГИН.

Мумкин бўлса эди юрагим очсам,
Қалбим нидоларин атрофга сочсам,
Қутуларманми ё мен ундан қочсам,
Туҳмат балосидан ўзинг АСРАГИН.

Шукурки ғоядош дўстларим бисёр,
Бир сўзли, иймонли укаларим бор,
Ёлғиз яратганга мен қиламан зор,
Туҳмат балосидан Ўзинг АСРАГИН.

Вақт

Аъзойи баданим буткул соғ эди,
Дўстлар даврасида кайфим чоғ эди,
Бу дунё наздимда жаннат-боғ эди,
Қандай ўтганини билмайин қолдим.

Аъзойи баданим кўп бемор эди,
Дўст ҳам йўқ, дил хуфтон, тун бедор эди,
Бу дунё наздимда чангалзор эди,
Қандай ўтказишни билмайин қолдим.

Кутдирманг асло...

Ўша кекса ва азим чинор,
Ўсар эди анҳор бўйида...
Келишилди- висол оқшоми,
Ўтказилар чинор қўйнида.

Ваъдаланган вақтнинг ўзида,
Йигит келди, қиздан йўқ дарак,
Ташвиш бордир ошиқ кўзида,
Ўйлар-не иш чиқдийкин бўлак?

Кута кута йигит бечора,
Бўлиб кетди тоқати ҳам тоқ,
Лекин нима қилсин-на чора,
Ошиқ қалби висолга муштоқ.

Ва ниҳоят йигит узоқдан,
Дилдорининг кўрди коматин,
Ўтган вақтни билмоқни истаб,
Чўнтагидан олди соатин.

Ажаб, нечук соат миллати,
Шунчалар ҳам секин юрибди,
Қулоғига тутиб билдики,
Меъёрида ишлаб турибди.

Шундагина йигит ишонди,
Ўн дақиқа кутибди фақат,
Лекин ўтган бу фурсат унга
Туюлибди бўлиб ўн соат.

Обидхон хуш келибсиз!

(Ўзбекистонда хизмат кўрсатган артист Обид Асомовнинг Чикагога ташрифи муносабати билан учрашувда ўқилган шеър)

Чикаго тупроғига,
Байрам дастурхонига,
Юртдошлар дийдорига,
Обидхон хуш келибсиз!

Босиб узоқ йўлларни,
Денгизларни, кўлларни,
Чаманзору чўлларни,
Обидхон хуш келибсиз!

Олиб назр ниёзми,
Калготкада пиёзми*,
Кулгу созингиз созми?
Обидхон хуш келибсиз!

Бугун мовий Мичиган,
Сирдарёда урчиган*,
Балиққа бўлмиш маскан,
Ошёнга хуш келибсиз!

Аскиянинг конисиз,
Ўзбек элин шонисиз,
Сўз мулки султонисиз,
Обидхон хуш келибсиз!

Гапираверсак гап кўп,
Сизни соғинганмиз хўб,
Қаранг одамлар тўп-тўп,
Обидхон хуш келибсиз!

Тил бийрон хуш келибсиз!
Биз томон хуш келибсиз!

―――――――――――――――

*Обид Асомов айтган ҳазилларига ишора

Ўзбек бўлиб қоламан.

(Чикагодаги ўзбек мактаби болалари учун ёзилган шеър)

1- бола.

Мен Ўзбекман, Ўзбекман,
Ўз-ўзимга мен бекман,
Тил йўқолса мен ҳечман,
Мен ақлли боламан,
Ўзбек бўлиб қоламан.

2-бола

Ўзбек тилим - менинг тилим,
Она тилим, жону дилим,
Омон бўлсин ўзбек элим,
Тилим-ла қувонаман ,
Ўзбек бўлиб қоламан

3-бола

Эътиқодим исломдир,
Китобимиз Қуръондир,
Қутқарувчи иймондир,
Мен мусулмон боламан,
Ўз динимда қоламан.

4-бола

Аъло ўқишим билан,
Одобу хулқим билан,
Ватаним, халқим билан,
Чин юракдан ёнаман,
Ўзбек бўлиб қоламан.

5-бола

Ўзбеклигим фахримдир,
Ўзбек - менинг халқимдир,
Тилни сақлаш аҳдимдир,
Мен одобли боламан,
Ўзбек бўлиб қоламан.

(Ҳамма биргаликда):

Ўзбек буюк миллатдир,

Тўқсон икки элатдир ,

Тил Оллоҳдан неъматдир!

Биз ақлли боламиз!

Ўзбек бўлиб қоламиз!

Истиқлол табриги

(Тоғам Ғиёсиддин Насафий 1931 йил 16 ёшларида советлар зулмидан қочиб, Афғонистонга ҳижрат қилган эканлар. Кетаётиб, 12 ёшлик сингиллари— менинг онамга «укажон, мен ҳозир қайтиб келаман» деган эканлар. Тоғамиз шу кетганча дунёни айланиб (АҚШдан), 61 йилдан кейин, Ватан мустақил бўлгач қайтиб бориб сингиллари билан дийдор кўришдилар)

Жисми ҳар жойдаю, руҳи Ватанда,

Ҳақиқат излаган саргардон банда,

Қувончдан жўш урар қонлар ҳар танда,

Ватан истиқлоли муборак бўлсин!

Минг бор шукур дейман қодир эгамга,

Оғасин «қайтариб берди» онамга,

Тоғамнинг шодлиги сиғмас оламга,

Ватан истиқлоли муборак бўлсин!

Кимлардир сизларга қилади ҳавас,
Сизнинг учун эса Ватан бўлса бас,
Ғанимлик қилмасин, дейсиз бир нокас,
Ватан истиқлоли муборак бўлсин!

Бузиб қўймайин деб бутун иймонни,
Хўб чидаб кездингиз олам- жаҳонни,
Келинг гуллатайлик қадим Туронни,
Ватан истиқлоли муборак бўлсин!

Чикаго қайдаю, қайда Туркистон,
Ўз юртида хору ўзга юртда хон,
Қайта қолинг тоға, қайтинг тоғажон,
Ватан истиқлоли муборак бўлсин!

27 ноябрь, 1991 йил

Одам жони

Узоқ давом этган дардга бардош бера олган ва ниҳоят 34 ёшида бу ёруғ оламни тарк этган инсон, бир қанча талантлар эгаси (рассом, шоир, спортчи, моҳир педагог) устозимиз Раҳматулла Маҳмудовга бағишлаб ёзилган шеър.

Эшитгандим шундай бир хабар:

Туппа тузук бир соғ кишини,

Эчки тепиб ўлдирган экан.

(Кўрмайсизми, дунё ишини?!)

Аммо кеча кўча юзида,

Бир кимсани учратиб қолдим.

Оёқлари йўқ эди унинг,

Қизиқсиниб хўб назар солдим.

Юзларида ҳаёт жилоси,
Аравача устида турар,
Икки қўл-ла ғилдиракларин,
Шитоб билан олдинга сурар.

Илк дафъада одам жонини,
Омонат деб ўйлаган эдим,
Ярмиси йўқ йигитни кўриб,
Инсон жони пўлатдан, дедим.

Ўйлаб-ўйлаб ва сўнгра етдим,
Ўйларимнинг мен теграсига,
Сўнгра дедим, бу нарса албат,
Боғлиқ бўлар жон Эгасига.

1974 йил

Тўртликлар

Пашша

Эй пашша бир дамлик роҳатни ўйлаб,
Болари ҳақига-болга қўнибсан.
Демакки чиқолмай асал ичидан,
Азобдан ўлмоққа ўзинг кўнибсан.

Кучукча

Уй олдида боғлиқ митти кучукча,
Бўйнида занжири-зўр базўр судрар,
Ўзи тутқиндаку, ўтган қайтганга,
Овози борича ҳурар, «дўқ урар».

Орзум шул...

Мен ЙИҒЛАБ дунёга кўз очган замон,
Қувончдан КУЛДИЛАР тақдир зайлига.
Орзум шул мен КУЛИБ таслим қилай жон,
Одамлар ЙИҒЛАСИН шунда майлига.

Тош

Мевали дарахтга отилармиш тош,
Туҳматларга парво қилмангиз, зора
Қўрқаман, зарбларга беролмайин дош,
Қуриб қолмасайди дарахт бечора.

Туюқ

Ичдингароқни дўстим аямай сўму танга,
Фойда қилганми оғу айтгинчи қайси танга?
Охир-оқибат бўлиб соғлигингдан айрилдинг,
Чора изларсан энди бу кундаги аттангга.

Унутма

Қизим Шаҳлога.

(Москвадан Чикагога кузатаётганимда бериб юборган шеърим.)

Қизим, сени кузатарман йироққа,
Билолмасман – зулматга ё чироққа,
Кўнглим хуфтон бўлди бундай фироққа.
Илтимосим ўзлигингни унутма.

Тақдир сени улоқтирди қайларга,
Америка деган узоқ жойларга,
Дардим айтай қайси дарё, сойларга?
Жоним қизим Ўзбеклигинг унутма.

Ҳижрат қилмоқ динимизда суннатдур,
Фоний дунё бандасига заҳматдур
Яхшиликни мукофоти раҳматдур.

Ўтинчим шу мўминлигинг унутма.

Қизим сени ёмон йўлга қўймадим,
Ҳар не қилсам хайр ишни ўйладим,
Рози бўлгин— баъзан қаттиқ сўйладим.
Уруғингни, аймоғингни унутма.

Қисмат экан жигарбандим нетарсан,
Униб ўсган Ватанни тарк этарсан,
Кўзим ёшлаб мендан узоқ кетарсан,
Насиҳатим Ватанингни унутма.

Яратганнинг Ўзи берсин паноҳинг,
Баракага тўлсин борган даргоҳинг,

Фаришталар доим бўлсин ҳамроҳинг.
Жоним қизим ўзлигингни унутма!

1994 йил, 9 сентябрь.